Glücklich in jeder Beziehung

Für alle, die mit mir jemals in Beziehung getreten sind:
meine lieben Eltern und Großeltern,
meine Geschwister,
meine Kinder, Schwiegerkinder und Enkelkinder
sowie alle, die mit mir verwandt oder verschwägert sind.
Ganz besonders am Herzen liegen mir natürlich
die Männer und Frauen,
die mich über Jahre und Jahrzehnte begleitet haben,
eben Freunde und Freundinnen fürs Leben!

Rita Kasparek

Glücklich in jeder Beziehung

Marlenes Kuschel-Bratgeber

Bibliografische Information der Deutschen Nationalbibliothek:
Die Deutsche Nationalbibliothek verzeichnet diese Publikation in
der Deutschen Nationalbibliografie; detaillierte bibliografische
Daten sind im Internet über http://dnb.dnb.de abrufbar.

Illustration: **Rita Kasparek;** Bild S. 64 **Verena Gerloff**
Texteinschub S.96-97: **Irene Hetzler**

Herstellung und Verlag: BoD – Books on Demand, Norderstedt

ISBN: 978-3-7481-4837-1

Inhalt

Zur Einstimmung 9
Kapitel Eins: Ich mit mir allein **10**
Auf ein Neues! 11
Erster Versuch 13
Wohn-Pläne 14
Rückkehr 15
Das liebe Wohnen...17
Die Kunst, allein zu wohnen 19
Der Alltag...21
Lerneinheiten 22
Das ungewohnte "Oma"-Sein 23
Dann gute Nacht!...25
Nur koin Stress! 26
Abkühlung..28
Abenteuer..29
Zum Brillen...32
Gute Wünsche 33
Kapitel Zwei: Ich, die Natur und das Übernatürliche **34**
Natürliches Intensivtraining................................35
Tierische Erfahrungen 39
Lernaufgabe Vergebung 41
Nächste Lektion 44
Lernmöglichkeiten 45
Fromme Einsichten 47
Katzenliebe 48

Kapitel Drei: Ich unter Gleichgesinnten **49**
Kontaktsuche 50
Selbstheilung 51
Fastenzeit 52
Unter Frauen 53
Abenteuer Kuschelparty 55
Tauschbörsenfreuden 59
In der Mette 61
Kapitel vier: Ich und meine Familie **64**
Pläne 65
Osterfeier 66
Das wahre Familienleben 68
Aufwärts 69
Ausfahrt 71
Fehltritt 73
Überraschend 75
Neuer Anlauf 76
Übung macht den Meister 77
Bärenkur 80
Juhu, Papa kommt 83
Familien-Freuden 84
Kapitel Fünf: Hinwendung zum Du **85**
Heiße Fakten 86
Hilfreiche Menschen 87
Zum „Verlieben" 90
Sei gut zu Dir 92
Vergebung in der Praxis 93
Frau sein 94
In der Trauer begleitet 95
In guten und in schlechten Zeiten 97
Kraft schöpfen 98
Bangen und hoffen 99

Unbekanntes Terrain 100

Helle Zeiten..101

Schlafstörungen..102

Gelehrte Belehrungen 103

Ich weiß nicht was soll das bedeuten 105

Wer bin ich 106

Nomen est Omen..107

Unheilige Schnepfen 109

Kapitel Sechs: Wir zwei 111

Abfahrt...112

Sondierung der Lage 113

Wanted: Herr S.... 114

Happy Birthday 116

Und dennoch 117

Getrennt 119

Geniale Lösung 121

Du sollst nicht krank sein 122

Frohes Fest 124

Umstellungen 126

Frau am Steuer 128

Nervensache 129

Durcheinander 130

Planungsstress 131

Arbeitseinsatz 132

Überstanden 133

Geniale Erfindung 134

Im Garten...135

Kennenlernen 137

Dazugehörig...141

99. Geburtstag 144

Trockenzeit 145

Eifersucht 147

Sommerliches Pflichtprogramm 148

Heftige Zeiten 149

Adventlich... 150

Weihnachtliche Auseinandersetzung 151

Familienzuwachs 152

Hundertprozentig.. 153

Jahresrückblick und Dankeschön **155**

In eigener Sache 158

Zur Einstimmung

Liebe Betti! Liebe Leserinnen und Leser!

Das Wort Kuschelfaktor ist derzeit in aller Munde. Leider nützt das nichts, weil echtes Kuscheln eben unter die Haut gehen muss! Genau hier beginnt die Krux des Alleine-Seins. Was uns als Single, als Trauernde, Verlassene oder im Dauerstreit Befindliche am allermeisten fehlt, ist menschliche Nähe und Berührung. Also kein Wunder, dass wir immerfort nach dem passenden Gegenstück suchen!

Vom Ich zum Wir ist es ein weiter Weg, mit Dornen gepflastert, dafür aber umso abwechslungsreicher.

Täglich finden wir neue Übungsmöglichkeiten, uns in einem/r anderen zu entdecken.

Der Schrecken, mir selbst im Spiegel zu begegnen, sitzt mir noch immer in den Knochen. Das passierte mir während eines Selbsterfahrungskurses vor gut dreißig Jahren. Inzwischen habe ich mich so weit an mich gewöhnt, dass ich sogar dem Unbekannten ungeniert ins Auge blicken kann.

So wollen wir also dieses vorliegende Buch geduldig und einfühlsam über die Runden bringen, aneinander lernen, miteinander aushalten, füreinander da sind.

Du siehst schon: Wieder mal bloß ein Bratgeber, wieder mal bleibt die Arbeit an Dir alleine hängen! Ich kann Dir nur von mir berichten und Dich auf Deinem Weg begleiten. Dir bleibt nur der Trost, dass ich es gerne mache.

**Jede Beziehung beginnt im eigenen Zentrum.
Genieße die Begegnung mit Dir selbst. Du bist es wert!**

Kapitel Eins: Ich mit mir allein

<u>Befinden:</u> Sehr gewöhnungsbedürftig!
<u>Kuschelfaktor:</u> Denkbar niedrig

*Einsamkeit ist ein absurdes Theater des eigenen Ichs.
Trotz der vielen Menschen auf der Bühne sieht das Ego
einzig und allein sich selbst.*

Wenn Du Marlene genau beobachtest, wirst Du die
unterschiedlichsten Facetten des Menschseins entdecken, von der Kinderwagenwelt des fünfmal täglich
Versorgtsein Wollens bis zum eingefleischten Single,
der über alles und jedes alleine bestimmen will.

Diese Stimmungen wechseln – täglich bis stündlich!! Und
hurra, dies ist NORMAL!!!

Auf ein Neues!

Liebe Betti!

Sicherlich bist auch Du mittlerweile gut ins Neue Jahr geschlittert. Ich versuchte in altbewährter Weise hinüberzuschlummern, aber die Schießversuche der Nachbarschaft haben mich soweit wachgehalten, dass mich auch Peter mit seinem nächtlichen Anruf nicht wirklich zu erschrecken vermochte. Als die Kirchenglocken zu läuten begannen, setzte ich mich warm eingehüllt in Deine bunte Kuscheldecke der Reihe nach an jedes Fenster, um gemeinsam mit meinem riesigen weichen Eisbärbaby das Feuerwerk zu genießen.

Dann versuchte ich doch noch einen Rundumruf an meine Familie zu starten.

Tante Melli tat so, als freue sie sich: Sie habe schon geschlafen, die Katze endlich auch!!!

„O je, tut mir soooo leid", seufzte ich geknickt.

Jana und Achim taten, als freuten sie sich wirklich:

„Äääääh, Freunde da, murmel murmel, passt schon, macht ja nix, ist doch nett von Dir .....!!!"

„Oh, tut mir leid", seufzte ich beschämt.

Bei Helen klingelte das Handy auffallend lang. Dann knackste es. Wie schön, also doch jemand zu Hause, freute ich mich insgeheim und lauschte erwartungsvoll.

„Wir sind nicht da", knurrte Leo ins Telefon und knallte den Hörer auf. Uiiiii, das tat mir jetzt wirklich richtig leid!!!

Ich kroch ins Bett, kuschelte mich an meinen Eisbären und flüsterte: „Gell, wir zwei, wir verstehen uns!"

Immerhin war ich heute Morgen wach genug, um schon um acht Uhr in die Autobahnkirche zu fahren. Da grinsten mir freudig vier weitere fromme Mitchristen entgegen. Irgendwie gab es ausgerechnet zu Jahresbeginn keine Messe. Wir beratschlagten, ob wir nun OHNE Pfarrer und TROTZDEM ...

Ich begann bereits an mir und meinem Geisteszustand zu zweifeln. Zum Trost versicherten mir die anderen Frühaufsteher, in der Zeitung hätte tatsächlich ACHT Uhr gestanden. Na so ein Glück, dann hab ich wenigstens RECHT behalten, das Jahr beginnt SEHR GUT!

In Wasawieslein ist ein Mann gestorben, den ich gar nicht kannte. Egal, da kann ich jetzt jeden Abend ins Kirchlein gehen, um gemeinsam einen Rosenkranz zu beten. Früher war mir das lästig. Aber jetzt bin ich schon dankbar, ein paar Nachbarn treffen zu können!

Ich wünsche Dir samt der ganzen Family einen wundervollen neuen Start, lass das Neue Jahr geruhsam angehen mit viel Freude und wenig Streit. Genießt die gemeinsame Zeit!

Herzlich von
Marlene allein zu Haus

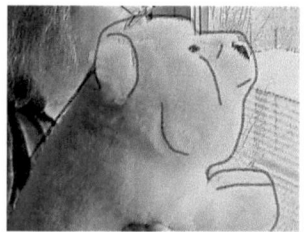

Erster Versuch

Liebe Betti!

Lass Dich drücken für Dein schönes Neujahrsmail! Du hast Dir wieder mal so viel Zeit für mich genommen. Es ist Klasse, in Gedanken bei Dir sein zu können, Deine Familie ist ein echter Krimi für sich!

Ich selber genieße einesteils das Alleinsein, und meine Familie ist ebenso wie ich nicht allzu gesellig. Da reichen drei gemeinsame weihnachtliche Stunden locker für ein Vierteljahr! Der Einzige, mit dem ich gerne, immer und so eng wie möglich meine Zeit teilen würde, fehlt mir so sehr, dass ich lieber nicht darüber reden möchte. Wahrscheinlich erahnst Du auch so, wie sehr mir Karl Theo fehlt, gerade an den besonderen Tagen.

Also versuche ich mich zu überwinden und aus meiner dunklen Ecke heraus zu kriechen. Das erste Opfer wird Helen sein. Ich wüsste zu gern, was sie im Innersten von meinem Besuch wirklich hält!!

Zurzeit bin ich hier voller Panik beim Packen, damit ich ja nichts vergesse, besser gesagt AN ALLES DENKE, um meinen Nordseetrip gut zu bewältigen. Ob das mit den Zwischenübernachtungen eine so grandiose Idee war, bezweifle ich langsam, weil ich nun noch mehr im Voraus zu überlegen habe. Egal, da muss ich durch.

Deine packende Marlene

Wohn-Pläne

Liebe Betti!

Vielleicht hab ich eine Mitbewohnerin fürs Haus gefunden, wir beschnuppern uns noch. Sie ist sehr ruhebedürftig, liebt klassische Musik und möchte gern stundenlang meditieren. Ob ihr das gelingen wird, wenn bei mir auf voller Lautstärke Wagner gespielt wird? Oder Rock ´n Roll?
Und ein eigenes Bad braucht sie auch. Am liebsten auch eine eigene Küche. Hilfe, ich sehe mich schon im Keller duschen und auf dem Kohleofen mein Süppchen kochen.

Wie Du siehst, versuche ich ALLES, um bloß nicht für immer alleine bleiben zu müssen!

Schon fünf Minuten später grüble ich, wie verlockend es wäre, morgens um fünf Uhr KRACH machen zu dürfen, soviel ich will. Rücksicht nehmen ist vielleicht doch nicht so mein Ding?
Wenn ich mit Dir zusammenziehen würde, bräuchte ich nicht so lang überlegen, tja so ist das Leben!!

Deine hin und her gerissene Marlene

Rückkehr

Liebe Betti!

Danke für Dein Mail! Ich hoffe, Du hattest nette Tage und bist gut zurück, so wie ich!

Manchmal frage ich mich, was mehr anstrengt: der hochgelobte „Urlaub" oder die Rückkehr ins eigene Haus.

Als ich am Freitagabend völlig groggy ankam, erwartete mich schon meine Schwägerin mit einer riesen Tüte Post: alles Rückantworten auf die Briefe, die ich noch am Abend vor meiner Nordseetour in den Postkasten geworfen hatte.

Also hab ich einen Tag beim Notar verbracht, um mir sechsmal meine krakelige Unterschrift beglaubigen zu lassen, damit ich sechsmal im Handelsregister eingetragen werde für Schiffe, die zum Teil wertlos, zum Teil schon verkauft sind und die nun niemand erben will, obwohl Karl Theo sie so liebevoll an seine Freunde vermacht hat. Ich hoffe, ich werde wenigstens einige noch los, weil verkaufen oder aus der Gesellschaft austreten kann man nicht, dann geht es irgendwann in MEIN Erbe, dann kriegen es meine drei Kinder, dann stehen die zu dritt beim Notar Schlange, das Ganze ist wahrlich VERRÜCKT!!

Am nächsten Tag musste ich mich dreimal bei der Post identifizieren lassen. Eine solche Prozedur dauert Stunden und die Warteschlange hinter mir wuchs bis vor die Eingangstüre.

Dabei muss ich mich infiziert haben und seitdem schniefe, huste und kulche ich wie ein Nordseewal.

Meine neue Mitbewohnerin hat mich vertröstet, sie werde frühestens in einem halben Jahr, ODER GAR NICHT, einziehen, aber sie finde die MÖGLICHKEIT so unglaublich toll! Ha!!!

Dafür hat sich, ohne dass ich was gesagt habe, aus der Medizinradgruppe ein vierzigjähriger MANN bei mir gemeldet, der aussieht wie Jesus mit zwanzig. Er hätte gern ein Zimmer bei mir und würde auch gern mit mir zusammenarbeiten. Das wird die frommen Kirchenbesucher jetzt beglücken, endlich wieder mal Gesprächsstoff und lüsterne Fantasien. Oder sind es MEINE??? Ich werde Dich weiterhin auf dem Laufenden halten!

Deine anscheinend Land gewinnende Marlene

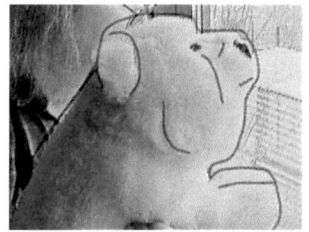

Das liebe Wohnen

Liebe Betti!!

Noch mal vielen lieben Dank für Deinen aufmunternden Besuch!!

Mir geht es recht gut. Dank Tankraumsanierung riecht das Haus nur noch ganz dezent nach Öl, eher gar nicht, nur ein wenig nach der neuen Farbe.
Trotzdem besichtigte ich, wie ich Dir ja erzählt habe, im Nachbarort die neu geplanten Eigentumswohnungen. Infrage käme nur eine einzige (wegen der schönen Aussicht, das ist mir am Wichtigsten). Dabei stellte ich fest, dass die Nebenkosten bei dieser Dreizimmerwohnung genau so hoch sind wie beim Haus, upps!

Tags darauf kam „Jesus" auf Besuch, maß sein neues Zimmer aus, schnupperte im Keller, befand, es stinke nach Öl (!!!!) und das ganze Haus sei noch so belastet von der Bindung zu Karl Theo (?), oder der noch bestehenden Liebe (??) oder meiner Unentschlossenheit (???), oder doch meiner Androhung, ich hätte die Angewohnheit, um halb sieben manchmal einen doofen Film anzuschauen (???). Sein Einwand: Gerade um diese Zeit wolle er in aller Ruhe in seinem Zimmer meditieren (????). Das Haus sei eben BELASTET, von was auch immer!!!
Er umarmte mich herzlich, gelobte weiterhin Freundschaft und Zusammenarbeit, ging zum bereits mit Umzugskisten und Schachteln vollgestapelten Auto und ergriff die Flucht!!!

Hinterher kam der Heizungsfachmann, dann der Kaminkehrer, beide gaben mir gute Tipps, und auf einmal fühlte sich alles wieder leichter an.

Am nächsten Morgen erreichte ich telefonisch problemlos meinen Bruder, der mir erklärte, ich brauche unbedingt eine große Wohnung GANZ FÜR MICH.

Daraufhin entschied ich, für´s Erste doch allein im Haus zu bleiben, BIS VIELLEICHT DU MAL BEI MIR EINZIEHST!!!!

Gestern hatte ich wegen all der aufregenden Gedanken bereits die ersten Schwächezustände. Der Gedanke, auf immer und ewig alleine mit einem Eisbären, ohne Hausmeister, ohne eine freundliche Schulter zum Anlehnen leben zu müssen, tut derart weh!

Keine Bange, Du siehst, tiefer geht´s nimmer. Also erwarte ich „fröhlich" das AUFWÄRTS.

Dir ALLES LIEBE. Ich umarm Dich feste
Noch etwas unge-„wohnt"
Deine Marlene

P.S. Glaub mir, diese Schiffsanteile von Karl Theo würde nicht mal Dein Schwiegersohn geschenkt wollen, es sind uralte Frachter, die WENIGE Aufträge finden, großteils unverkäuflich sind und die Dummen, die im Handelsregister eingetragen sein müssen (jetzt ICH!), sollen Geld zuschießen, damit die Insolvenz nicht noch teurer für alle wird. Deshalb wollen auch meine Vermächtnisnehmer sich von mir den "Schrott" nicht übertragen lassen. Meine armen Nacherben, die das mal an der Backe haben!!

Die Kunst, allein zu wohnen

Liebe Betti!

Diese Woche hab ich mir oft vorgestellt, wie Du - gerade mal ein wenig genesen - schon wieder in der Welt herum turnst! Du bist ein echtes Stehaufmännchen (ähh -frauchen!).

Bei mir geht die Achterbahn anders herum. Nachdem ich von meiner Medizinfrau am Montag den (zugegeben teuren!!) Rat bekommen hatte, das riesig große Haus als Ort der Heilung zwar für mich allein zu bewohnen, aber mit offen stehenden Türen für alle, die zu mir kommen wollen, um sich zu regenerieren, ging es mir zunächst noch richtig gut. Ich marschierte jeden Morgen durchs Haus, reinigte unter liebevollen Tränen die ganzen finsteren Stellen, schob freundlich lächelnd den Ölgeruch und den Muffgeruch aus dem Keller nach draußen und ersetzte alle auftauchenden negativen Gedanken sofort mit aufbauenden, zukunftsweisenden.

Anfangs wirkte es echt super!

Aber von Tag zu Tag kommt mir das Haus größer vor, wie eine sanierungsbedürftige Baustelle, wo ich die nächsten hundert Jahre putzen, Feng-Shui - gemäße Farben anbringen, Möbel verheizen und neue einrichten muss, darf, werde????

Nachdem ich gestern eine Stunde im Garten die verholzten Stängel vom letzten Herbst auszuschneiden versuchte und mit Rosendornen voll gepikst schließlich heulend das Handtuch warf, wusste ich auf einmal mit absoluter KLARHEIT, die mir echt Gold wert ist: JETZT REICHT ES MIR!!!!

Ich sprach ein Machtwort zu mir: Auf in eine schnuckelige kleine Wohnung, den Hausmeister allzeit parat, wenige Fenster zu putzen und alles überschaubar!!! Und möglichst in der Nähe meiner besten Freundinnen!!!!

Seitdem versuche ich mich in Gedanken auf zwei Zimmer zu reduzieren, hoffentlich ist meine Tonne GROSS GENUG!!

Bussi, bleib wenigstens DU stark, eine muss schließlich die Stellung halten!! Ich umarme Dich

Deine mit sich ringende Marlene

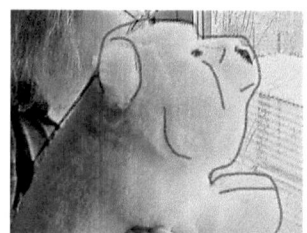

Der Alltag

Liebe Betti!

Danke für Deine wie immer gewohnt aufmunternden Worte!
Nachdem mir meine Medizinfrau, wie Du bereits weißt „den
Kopf gewaschen hat", habe ich dieses Mal mein eigenes Medi-
zinrad-Treffen ausfallen lassen und es fühlt sich trotzdem gut an.
Ich lerne, auf mich und meine Bedürfnisse zu lauschen, und
weil ich einfach ein bisschen viel zu tun hatte mit Fenster putzen,
Terrasse schrubben, Gräser schneiden, fand ich den rechten
Schwung nach draußen nicht.
Am liebsten würde ich bloß noch faul auf der Couch liegen!
Aber da ich morgen meinem noch offenen Finanzkram entflie-
hen und an die Nordsee zu meiner persönlichen "Enkeltherapie"
(lächel) fahren werde, musste ich wohl oder übel vorarbeiten.

Ich denk an Dich

Es umarmt Dich ganz alltäglich
Deine Marlene

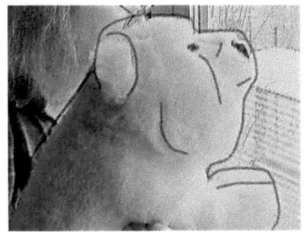

Liebe Betti!

Danke, dass Du wenigstens per Mail bei mir geblieben bist, in meinem Herzen bleibst Du sowieso immer dabei!!!
Hier im grimmigen Norden weht der eisige Wind des „Nicht-Genügens, Nicht-Könnens, Nicht-Verstehens". Wahrscheinlich ist es ungerecht von mir, von meiner immerhin Tag und Nacht gastfreundlichen Familie mehr als Duldsamkeit zu erwarten. Sie haben ihre eigenen Probleme. Wie sollen sie da noch meinen derzeitigen „Entzug" auffangen???
Manchmal flüstere ich ganz, ganz leise: „Karl-Theo, Du bist wohl der Einzige, der jemals verstanden hat, wie ich ticke und der mir jetzt wirklich helfen könnte."
Entschuldige, Betti, ich weiß, bei Dir kann ich mich gehen lassen. Ich glaube, bei all Deinen Sorgen um Sigbert verstehst Du, was ich meine.

Trotz allem bin ich froh, hierher gefahren zu sein. Ich rette mich in endlose Spaziergänge und lasse meine Gedanken schweifen. Manchmal erinnern mich Gänsescharen oder ein einzelner Reiher an früher, als ich noch zu zweit herum stiefeln durfte.
Außer irgendwelchen Gassigehern begegnet mir manchmal stundenlang keine Menschenseele. Nicht umsonst wird diese Gegend von Kennern als „Oase der Ruhe" bezeichnet.

Deine „ruhelose" Marlene

Das ungewohnte "Oma"-Sein

Liebe Betti!

Wie Du gleich lesen wirst, hatte ich jede Menge Gelegenheit, den Familien-"Urlaub" zu verdrängen und zu vergessen. Es müsste UHR-laub heißen, denn ich zählte manchmal nicht bloß die Tage!! Es ist einfach zu eng, wenn sich Mutter und Tochter darüber uneinig sind, was den vierjährigen Fred betrifft. Dabei brauche ich kein Wort zu sprechen, das würde ich sowieso nicht wagen. Helen meint, meine Blicke genügen!!!
Wobei die ersten beiden Tage noch ganz gut verliefen. Ich brauchte bloß zu sagen: „Fred, hopp, zieh Deine Schuhe an, ich weiß, Du kannst das." Klar konnte er, auch die Jacke selber anziehen, auch sich anschnallen, auch aufräumen, auch eine VOLL-KORN-Apfelnudel probieren. Aber jedes Mal belehrte Helen ihn und mich, er KÖNNE zwar, WOLLE aber nicht. Ach, da fiel es ihm wieder ein, und er kehrte zurück zu Bock und Brüll.
Zum Abschied reichte er mir nicht mal die Hand, weil ich ja seine „böse", v.a. aber die STRENGE Oma bin.
Allerdings vergaß er das zwischendurch immer mal und spielte quietschend vor Lachen zwischen meinen Beinen Monster oder Aquanaut.
Die kleine Conni dagegen entdeckt gerade täglich neue Fähigkeiten. Sie lernte innerhalb von drei Tagen durchs ganze Zimmer zu watscheln und war glücklich, dass sie sich an Omas grauen wuseligen Haaren festkrallen konnte, um einen Zwischenstopp einzulegen. Außerdem ist sie ein Paprika - Tomaten – Gurken - Rübchen – Apfel - Fan und da gibt es von Omas Teller ununterbrochen Nachschub. Auch Apfelnudeln verspeist sie im Ganzen, zumindest versucht sie es. Ein Viertel davon landet auf

dem Boden, nach mehrmaligem Aufklauben von Oma und erneutem Anbeißen von Conni letztendlich auf der Kehrschaufel.

Mal ehrlich, unter uns gesagt, wie schaffen die Drei das OHNE MICH??!!

Aber jetzt GANZ ehrlich: Wie werde ICH es schaffen, wenn ich wieder alleine zu Hause bin, ohne Enkelgenerve und die liebevollen Umarmungen meiner Tochter?

Angesichts des drohenden Abschieds kommt es mir gar nicht mehr so verlockend vor, bei meinem Eisbären in den EIGENEN vier Wänden zu sein und wieder mal richtig auszuschlafen.

Deine sich schon im Voraus einsam fühlende Marlene

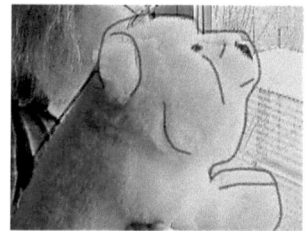

Dann gute Nacht!

Liebe Betti!

Ja, hat alles geklappt. Ich bin heil und gesund wieder zu Hause angekommen. Es war gar nicht mal so schlecht, endlich mal wieder entspannt durchzuschlafen, ohne dass meine Anwesenheit jemanden stören könnte, upps!

Mitten in der Nacht wachte ich auf, weil irgendwelche Irren draußen den Rasen mähten. Ich reagierte etwas sauer. Aber da ich ja sowieso einer alten Dame aus dem Bett helfen musste, war es egal. Ich sagte mitfühlend zu ihr: „Ja ja, es fällt dem Wildschwein schwer, sich aus dem Bett zu quälen, wenn es so wohlig warm ist." Als ich um halb sechs (!!!) die Augen aufschlug, sprach mein ausgetrockneter Schlund sehr dafür, dass ich geträumt, verschlafen UND GESCHNARCHT hatte!

Deine ENDLICH ausgeschlafene Marlene

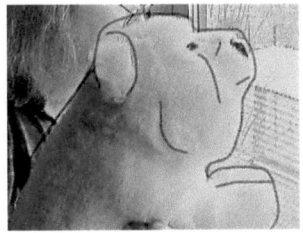

Nur koin Stress!

Liebe Betti!

Wie Du weißt, ich lass mich nicht stressen! Ich stress mich selber!

Gestern, am FEIERTAG, wollte ich mein verrupftes Medizinrad ausschneiden, weil ich am Dienstag kritischen Besuch erhalte. Eine PERFEKTE Gärtnerin hat sich angesagt!

Als ich mit der Elektroschere in der Hand gerade Position beziehen wollte, sah ich in letzter Sekunde, dass meine beiden Nachbarn auf der Terrasse relaxten, schon um neun Uhr morgens. Wieso sind die nicht auf der Fronleichnamsprozession????? Na ja, zugegeben, ICH AUCH NICHT!

Enttäuscht schlich ich zurück ins Haus.

Dafür machte ich nachmittags um drei fröhlich meinen üblichen Waldspaziergang, eine Stunde Maximum, deshalb ohne Uhr, Eis und Trinkflasche. Kommt uns das irgendwie bekannt vor???

Als die geschätzte Stunde um war und ich schon fast zuhause, entdeckte ich im Wald ein Schild mit neu ausgewiesener Wanderstrecke. Die kam mir irgendwie bekannt vor, es schien mir die Parallelstraße zum üblichen Weg zu sein. Hier war ich doch mit Karl Theo auch schon mal gegangen, winziger Umweg, höchstens fünf Minuten. Als sich nach zehn Minuten noch immer nichts Vertrautes zeigte, wurde ich neugierig und marschierte ein wenig weiter. Alles schön ausgeschildert für den Landkreislauf, aber keine Menschen. Ich war also kostenloser Vortester, ich hoffe, man DANKT MIR!!

An der Strecke ist nichts auszusetzen, zumeist schattig, sehr bergig, der Vorteil, es geht auch mal wieder runter, bloß WANN???

Ich hätte echt nicht gedacht, dass man sich so nah bei Wasawieslein als Einheimischer verlaufen kann! Irgendwann hat es mich dann doch gewurmt.

Leider wusste ich den Rückweg nicht und lief deshalb vorwärts weiter.

Nach ca. einer Stunde erspähte ich einen Radfahrer (geschätzte zehn Jahre zu jung für mich, ansehnlich, freundlich, leider keine Mitnahmemöglichkeit, aber soweit ortskundig).

Ja ja, meinte er, so ein Fahrrad sei schon SEHR PRAKTISCH!! Das dachte ich soeben auch!

Und ob ich denn kein Handy hätte? Scherzbold!

Also, da vorne, irgendwann, irgendwo, komme Nordenwiese. Ich erschrak. War ich tatsächlich so weit weg von zuhause? Jetzt kannte ich mich echt nicht mehr aus.

„Macht doch nix", grinste er und schob sein Fahrrad neben mir her bis zum Ortsschild. Ab da wusste ich Bescheid! Es würde nach Hause noch seeeeehr lange dauern!!!

Wie Du siehst, ich bin angekommen. Heute regnet´s und ich kann mein Medizinrad wieder nicht ausschneiden. Aber nach Nordenwiese lauf ich trotzdem nicht, höchstens nach Vorderweiher zum Bäcker, das dauert bloß eine Stunde - UND es gibt dort Eis!

Schon wieder erholt
Deine NICHT gestresste Marlene

Abkühlung

Liebe Betti!

Bei dieser Hitze wünsch ich euch beiden viel Spaß im "Schneckenhäuslein". Kleiner Tipp, so am kühlen Wasser, als Nacktschneck ..... aber ihr wisst wahrscheinlich besser als ich, wie man mit dieser Hitze umgeht!

Als kleinen Pfingstausflug hab ich mir einen Trip zum Auensee gegönnt, um mich abzukühlen. Da ich ja nicht blöd bin, düste ich schon um halb drei los (leider nicht NACHTS um halb drei), weil ja hier an Pfingsten wie auch sonst üblich nicht viel los sein würde. Ich ergatterte KEINEN Schattenparkplatz, aber den letzten freien, direkt an der Hauptstraße, wo man nicht richtig wenden kann, und direkt in der prallen Sonne. Toll!!

Ich bin kurz in den See gehüpft, dann zurück ins knallheiße Auto und so schnell wie möglich nach Hause.

Na ja, dachte ich dort: Nix wie weg zum Weissensee, wo ich keinen Parkplatz benötige. Hier könnte ich jeden Tag von der Wohnung aus hinunter stiefeln, ausgestattet mit Badezeug, das ich eigentlich nie brauche, weil ich sowieso in kein kaltes Wasser will. Ich packte den Koffer und fuhr noch abends los.

Ich bin doch kein Pfingst-OCHSE!
Deine Marlene

Abenteuer

Liebe Betti!

Gleich am nächsten Tag setzte ich meine Pläne in die Tat um. Da ich um 14 Uhr mit meiner "Füssen-Freundin" verabredet war, beschloss ich mich am Vormittag erstmal zu schonen. Ich packte wie üblich den Rucksack, bekam aber „von oben" die Information, ich könne auf die Wasserflasche verzichten, weil ich ja gleich wieder zuhause wäre. Prima! Danach kam der „Hinweis", 6 Euro einzustecken. „Ohh", dachte ich, „vielleicht ein Eis?"

Weil Geld ja viel leichter zu schleppen ist als schwere Flaschen, marschierte ich zufrieden los, umso vergnügter, als ich auf der Uhr sah, dass es erst kurz vor acht war.

Unten am See, ich wollte mich gerade faul auf die erste Parkbank lümmeln, las ich wie so oft das Schild: „50 Minuten zum Alatsee". Das hatte mich schon immer gelockt, UND HEUTE WAR ES NOCH SO FRÜH!!

Ich rechnete kurz durch: Stunde rauf, Stunde Alatsee, Stunde heim, schon vorgekocht. Alles passte. Und auf ging´s!

Ich genoss den schattigen Aufstieg mit den leichten Schuhen und fühlte mich seeehr selbstständig. Schließlich hatte ich mich ehedem von meinem geliebten Karl Theo stets bis zum letzten kostenlosen Parkplatz chauffieren lassen, von dem aus nur ein kurzer asphaltierter Anstieg zum See führt. Wie oft hatte ich die rechtsseitige Abzweigung zum Weissensee gelesen und die tapferen Wanderer bewundert, die hier hochgestiefelt kamen. Du siehst, in dieser Gegend kenne ich mich aus!!

Nach geschätzten 50 Minuten kam ich mit leicht zittrigen Knien bei der Abzweigung an. Ein paar Mal musste ich sehnsüchtig an die zu Hause gebliebene Wasserflasche denken. Was soll´s, ich hatte SECHS EURO, da würde mir jeder Wirt nur zu gern ein Glas Leitungswasser spendieren!

Erwartungsvoll richtete ich die Schritte straßenaufwärts, betrachtete sinnend einen Autofahrer, der den letzten kostenlosen Parkplatz besetzte, und wunderte mich nur ein wenig, was aus der ehemals asphaltierten Straße geworden war. Sie schien mir völlig verlottert, hatte in der Mitte Gras angesetzt und kam mir so eng vor, dass ICH hier keinesfalls hochfahren könnte. Ja ja, mein mutiger Karl Theo!!

Ich lief und lief in Erwartung weiterer Parkplätze und v.a. in Erwartung des kühlen schönen Alatsees. Der Weg wurde immer enger und unwirtlicher, kein Mensch weit und breit, und nach einer guten (SCHLECHTEN!) halben Stunde musste ich mir eingestehen, dass hier kein See kommen würde.

Ich stand quasi auf dem Gipfel, konnte durch die Bäume hindurch nicht mal mehr den Weissensee erspähen und klammerte mich an meine sechs Euro. Sollte ich in diesem Leben doch noch eine Menschenseele erblicken, würde ich bitten, mich für mein letztes Geld ins Tal zu fahren. Ansonsten wusste ich ja von unserer Ursula: Zehn Tage den Eigenurin trinken ermöglicht ein schönes sanftes Sterben. Ade, ihr Lieben!!!

Trotzdem bot ich die letzten Kräfte auf und drehte um, orientierte mich an den aufgebeugten Holzstößen und den ausgetretenen Wegen der Irren, die sich vor mir schon mal hier verlaufen hatten - und betete.

Nach geschätzten 60 Minuten kam ich am Ausgangspunkt an und sah hinter den Bäumen ein fahrendes Auto. Ich war wie vom Donner gerührt: Zwanzig Schritte den pimperligen Weg abwärts ging es zur asphaltierten Straße!!!

Auf den Alatsee musste ich dieses Mal leider verzichten, weil ja um 14 Uhr meine Freundin wartete.

Ich stolperte mit meinen unvorschriftsmäßig leichten Schuhen den Bergpfad wieder hinunter, begrüßte glücklich den Weissensee, überlegte mir, ob ein WASSER-Eis den Durst löschen würde – keine Zeit!! Und war um halb zwölf pünktlich zuhause, wo mich vorgekochtes Essen und kühles Wasser erwarteten.

Die wertvolle Erkenntnis dieses Tages: Ich verstehe ab heute den Begriff „Sie befand sich auf dem Holzweg"!!

Aber jetzt Dir, mein Schätzle, zu schreiben, IST GENAU DAS RICHTIGE!!!

Ganz cool Deine Marlene

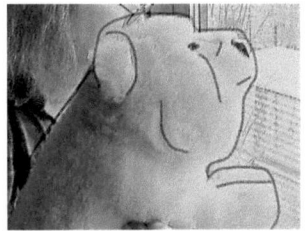

Zum Brillen

Liebe Betti!

Wie Du bloß immer Deine ganze Arbeit schaffst! Umso mehr bin ich geknickt, dass DU vor mir ein solches riesen langes Mail fertig bekommen hast!!!! Danke!

Dass ich so lang nicht geantwortet habe, könnte ich ja jetzt auf die neue Gleitsichtbrille schieben. Die habe ich mir in einem Anfall von Größenwahnsinn gekauft. Denn ich dachte: ERSTENS kann ich es mir leisten, wer sonst! Und ZWEITENS, um mit meinem kleinen Enkel Fred zu sprechen: ICH krieg das hin!!!!

Leider muss ich gestehen, dass die Brille MICH hingemacht hat, und ich habe resigniert. Am liebsten hätte ich das teure Teil in die Tonne geworfen! Jetzt habe ich entschieden, sie gegen irgendwelchen Optik-Schrott einzutauschen, aber keinesfalls gegen eine neue Brille! Denn das kann ich Dir ehrlich sagen, so schlecht wie nach meinen vergeblichen Sehübungen war mir schon jahrelang nicht mehr! Nachdem der neben meinem Bett stehende Kübel gar nicht mehr fassen konnte, wie viel Schlechtigkeit noch in mir steckte, bin ich wieder auferstanden.

Jetzt laufe ich wie gewohnt durch den heilsamen gnädigen Nebel der 30-prozentigen Sehschärfe, und das genügt mir. Dass da irgendwo Straßenschilder rumstehen, kann ich ja erkennen, und wen interessieren schon Buchstaben?

Deine in jedem Fall DICH erkennende Marlene

Gute Wünsche

Liebe Betti!

Tausend Dank für Deine schöne innige "Freundschafts"-Karte und das wunderschöne Büchlein!!

Ja ja, Weihnachten ist ganz schön schnell näher gerückt!
Ab heute organisiere ich das 15-jährige Bestehen unserer Zeittauschbörse, der ich unter anderem verdanke, dass mir im Flur ENDLICH WIEDER ein Licht aufging und ich nicht mehr im Dunkeln (natürlich ohne Ausgleit-Sichtbrille!) in den Keller tappe, wo ich die alten Aktenordner von Karl Theo verstaue. Was interessieren mich die ollen Finanzgeschäfte von früher, solange ich mir Bahnkarten, Brillen und ein fettes Alkohol getränktes Tiramisu leisten kann (uiiii, hab ich das geschrieben???? ALOHOL NUR FÜR DAS BEVOSTEHENDE FEST !!!)

Liebe Betti, ich umarme Dich von ganzem Herzen und wünsche euch allen Gesundheit, v.a. aber FREUDE und ein wunderschönes Weihnachtsfest Dir und Deiner ganzen Familie

Deine Freundin Marlene

Kapitel Zwei: Ich, die Natur und das Übernatürliche

<u>Befinden:</u> Sehr gut
<u>Kuschelfaktor:</u> Angenehm spürbar

Die Natur hilft uns ganz unaufdringlich, sich einge-bunden zu fühlen. Überall begegnen uns die pflanzli-chen und tierischen Erdenbewohner. Manchmal sind sie lästig, oft erstaunlich und meistens hilfreich. Aber dazu müsste/Pardon DARF man natürlich genau hin-sehen!
Noch aufmerksamer gilt es freilich zu sein, wenn es um die übernatürlichen Dinge geht!

Marlene zeigt Dir, dass es nicht immer leicht ist, GENAU hinzusehen. Je mehr man in seinem Leid, seiner Ein-samkeit, seinen Sorgen eingesponnen ist, desto öfter braucht man einen zufälligen Stolperer, um sich zu er-innern, wer und wo man eigentlich wirklich ist!

Natürliches Intensivtraining

Liebe Betti!

Hier am Wattenmeer erlebt man einfach alles viel intensiver! Die Natur ist grandios. Allein schon durch Ebbe und Flut ist täglich Abwechslung garantiert.

Wenn dann auch noch die liebe Familie zu Stimmungsschwankungen neigt, heißt es sich quasi stündlich zu entscheiden, wo gerade ein angenehmer Aufenthalt zu erwarten sein könnte.

Als gestern mal wieder zu Hause ein eisiger Wind wehte, rettete ich mich vor der töchterlichen Ungehaltenheit, indem ich mich zu einem kleinen Fitnessprogramm überredete.

Ich entschied mich ganz spontan, den Salzwiesen-ERLEBNIS-Pfad zu begehen. Das hatte ich vor zwei Monaten schon einmal probiert, ich wusste also bereits, was mich da an Erlebnissen erwarten würde! Dieser einladende Spazierweg ist nämlich ausschließlich gedacht für Lebensmüde und Depressive, nach denen kein Hahn mehr kräht, falls sie nicht nach Hause zurückkehren.

Bevor man startet, gibt es einiges zu bedenken: Man beachte die vorherrschende Wetterlage, mindestens sechs Wochen Trockenphase, und das Meer sollte die Ufer während dieser Zeit kein einziges Mal überspült haben, was schlichtweg unmöglich ist, weil drei Tage vor Vollmond die Flut IMMER sehr hoch steigt.

Zugegeben, gestern war Vollmond, und vor vier Tagen hatte die Nordsee aufregenderweise den Deich vor unserem Haus regelrecht angefressen. Aber ich wollte ja bloß „gucken". Und weil ich ein denkender Mensch bin, lief ich den Weg dieses Mal in umgekehrter Richtung. Denn ich erinnerte mich, dass das allerschlimmste Stück direkt neben der Kuhwiese lauerte.

Sollte das nicht zu bewältigen sein, würde ich augenblicklich umkehren.

Heiter gestimmt zog ich los. Die Luft war lau, die Straße trocken. Das schlimme Stück grinste mich freundlich an, nur leicht unterspült, zwar morastig, aber mit deutlichen Fußspuren versehen. Offensichtlich waren schon einige vor mir mit diesem Weg fertig geworden. Geschickt balancierte ich den glitschigen Rand entlang, durchquerte ein paar unangenehme Pfützen, klammerte mich an den vereinzelten Strandgrasbüscheln fest und erreichte einen beinahe trockenen Boden. Nun ja, eher rutschig wie Entengrütze, aber jetzt umzudrehen, wäre eine echte Zumutung gewesen. Ein zweites Mal konnte ich auf diesen Dreck gerne verzichten!

Innerhalb von zwei Minuten klebte der grünliche Schlamm an meinen Schuhen fest, tellerförmig wuchsen schwimmhautartige Ränder und von nun an wurde jeder Schritt wahrhaft zum Erlebnis. Ich schlitterte millimeterweise vorwärts, aber UMDREHEN kam jetzt überhaupt nicht mehr infrage. Diese Tortur könnte kein Mensch wiederholen!

Seltsamerweise verliefen sich die menschlichen Tritte immer mehr im Nirwana. Zuletzt sichtete ich die Hufspuren eines herrenlosen Pferdes. Denn sag mir, welcher Mensch wäre so unselig dumm gewesen, HIER zu reiten???

Ich beschloss schweren Herzens, gegen sämtliche Gesetze zu verstoßen und linksseitig die geschützte Ruhezone zu betreten, um wieder Tritt zu fassen. Denn das Ufer rechter Hand, einladend mit Zement und Gummi ausgegossen, zeigte spiegelglatt und in bedrohlicher Schräglage in Richtung der gierig leckenden Fluten.

In der Ferne lockte bereits der Eingang des Campingplatzes. Erleichtert schlingerte ich vorwärts, wankte erschöpft um eine scharfe Biegung und erstarrte vor Schrecken.

Der Weg war zu Ende, aus Äpfel, Feierabend. Kleine Wellen kräuselten sich fröhlich, wo ehedem eine gepflasterte Straße gewesen war. Das Wasser gluckste und wiegte sich im Takt mit den übermütigen Enten, die mir überrascht entgegen schnäbelten.

Ich drehte meinen Kopf nach hinten: Schlammwüste! Zur linken Seite: nur noch Salzwiesengräser! War ich schlichtweg in einem Siel (oder heißt es Priel?) ersoffen? Rechts: Meer, soweit das Auge reicht! NA TOLL!!!

Jetzt war sowieso alles egal! Ich schlitterte, watete und ruderte durch den Matsch-See, den Blick starr und hoffnungsvoll auf die Campingwagen gerichtet.

Was soll ich Dir sagen? Auf dem Platz selber war alles trocken. Sämtliche Leutchen saßen gut aufgehoben beim späten Frühstück oder etwa schon beim Mittagessen?!

Aus der Ferne kam mir eine sehr gepflegte Dame entgegen, im blütenweißen Wintermantel, an der Leine eine ebenso adrette Dogge, rein beige mit schwarzen Pünktchen an den genau RICHTIGEN Stellen. Betreten sah ich an mir hinunter: Schlamm so weit das Auge reichte, die Schuhe unkenntlich mit Schmutz verkrustet, die ehemals helle Hose bis zu den Oberschenkeln verdreckt. Na toll, jetzt liefen auch noch meine Backen feuerrot an. Die Dame musterte mich eindringlich vom Kopf bis zu den unkenntlich gewordenen Zehen und schenkte mir ein mitleidiges Lächeln. Ihr fescher Hund streckte mir neugierig witternd die Schnauze entgegen. Da zog sie möglichst unauffällig die Leine. Schließlich sollte ihr Gefährte sauber bleiben!

Endlich zuhause angekommen, wagte ich nicht zu klingeln. Womöglich durfte ich NIE MEHR hier unterschlüpfen?

Mit zitternden Händen streifte ich die vor Schmutz starrenden Schuhe und Klamotten ab. Dann sperrte ich so leise wie möglich die Türe auf und kroch praktisch nackt auf Kniespitzen und Ellbogen Richtung Bad.

Jetzt bloß keinen Mucks und keine Spuren hinterlassen! Conni schlich aus dem Wohnzimmer, begutachtete mich erstaunt und grinste verschwörerisch, ehe sie zu Mama rannte, um mich zu verpetzen. Aber bis Helen ihrer Kleinen glaubte und nachschauen kam, stand ich schon unter der Dusche.

So ist die aufregende Nordsee-Zeit schneller vergangen, als die Mondphasen wechseln. Zumindest kommt es mir so vor.

Schon übermorgen heißt es wieder Ade ihr süßen unwilligen Enkelkinder, ihr Möwen, Austernfischer und Kibitze, ihr Ohrenschützer und Gummistiefel, ihr Wattenbänke und muntere Wellen!

Deine wieder saubere, nordseegesättigte Marlene

Tierische Erfahrungen

Liebe Betti!

DANKE, ich bin gut angekommen!
Zu Hause wurde ich nicht nur von meiner Schwägerin, sondern auch von vielen Tieren willkommen geheißen. Sogar die Schnecken haben tapfer meine Abwesenheit überstanden. Die größte und fetteste Nacktschnecke saß schon erwartungsvoll auf der Türklingel. Alle Spinnen von Wasawieslein haben geheimnisvoll den Flur, das Wohnzimmer und den Schlafraum mit ihren Netzen dekoriert. Das freute mich sehr, weil ich meine Spinnenphobie bei Helen HOFFENTLICH endgültig bekämpft habe. Bei ihr oben hat immer eine ganze Armee von Kreuzspinnen das Schwiegersohnauto bewacht. Die ließen mich nur einsitzen, wenn ich mit einem Stöcklein bewaffnet die knisternden Netze durchtrennte.

Nachts fuhr ich aus dem Dämmerschlaf hoch, weil ich auf der Terrasse Geräusche hörte und sogar kurz das Licht anging. Ich lugte hinter dem Rollladen hinaus. Keiner draußen!!! Beunruhigt schleppte ich mich ins Bad und schaute vorsichtig aus dem Fenster. Da sah ich einen riesigen Igel, vollgefressen mit alten Falläpfeln und – natürlich - den leckeren Schnecken!

Am Morgen wollte ich meinen Anorak anziehen, da sprang mir eine schwarze Riesenspinne direkt in den Ausschnitt. Ich brüllte nicht, zitterte bloß wie bei einer von Helens Attacken und sagte, während ich das Kleidungsstück verzweifelt ausschüttelte: „Schatzi, geh jetzt hinter den Schuhschrank in die Ecke, dann darfst Du weiterleben - und ich auch". Daraufhin verschwand die Gute und spitzelt seitdem jeden Morgen kurz heraus, wie das Wetter wird.

So gestärkt schritt ich in den Keller, um zu lüften. Da sah ich im Kellerschacht ein neu gebautes Hornissennest, upps .... Ich flüchtete in den Garten ans Medizinrad und bat um Hilfe. Die Gelegenheit war günstig, denn es kübelte. Also entfernte ich aus meinem Regentonnendeckel erst mal mit einem Stöckchen ein altes schon vergammeltes Wespennest. Gut gegangen!

So ermutigt ging ich bewaffnet in den Keller, um es auch mit den Hornissen aufzunehmen. Und was sehe ich: Es ist gar kein Hornissennest!! Am Fenster klebte sehr imposant und völlig ungefährlich eine wunderschöne Weinbergschnecke. Da wusste ich, in diesem Haus bin ich bestens geborgen!

Vergnügt öffnete ich die Haustür, um noch schnell Basilikum für mein Morgengetränk zu ernten. Ich entdeckte im Türrahmen ein welkes Blatt, stippte danach, das Blatt bebte ein wenig und ich sah den schönsten, größten und grünsten Heuschreck aller Zeiten. Der hat mich zwei Tage hintereinander um fünf Uhr an der Türe begrüßt, bis ich ihn auf die Hand nahm und ihm den Weg zurück in den Garten zeigte.

Du siehst, ich BIN ANGEKOMMEN, wo ich schon immer hin wollte.

Deine furchtlose Marlene

Lernaufgabe Vergebung

Liebe Betti!

Zuerst mal Dank für Dein witziges krabbeliges Mail. Seit ich es gelesen habe, juckt es mich auch, hauptsächlich am Kopf! Wobei ich echt keine Ahnung habe, wie diese ominösen Museumskäfer aussehen und ob sie gar beißen?

In dem Buch, das ICH gerade lese („Working Mum", Allison Pearson, rororo Taschenbuchverlag 2004), entdeckte eine gestresste Mama während einer wichtigen Konferenz, dass sie Läuse hat! Igitt, da juckt es mich noch mehr! Wahrscheinlich lese ich einfach die falschen Bücher!

Du siehst, ich könnte Dir unbedenklich und folgenlos bei der Untierbeseitigung helfen – wenn es dabei wirklich „nur" ums Abstauben geht. Eigentlich dachte ich, die Hauptarbeit wäre das Säubern von Sigberts zehntausend Büchern und zwei Millionen CDs, oder stehen Museumskäfer nicht auf intelligente Dinge?

Langweilig ist es mir nicht allzu sehr. Wenn es schlimm wird, putze ich einfach die Kellerfenster oder schneide die Stauden im Garten. Dabei muss ich jedes Mal an meinen fleißigen Karl Theo denken und kann mich ausheulen, da hab ich dann wenigstens einen Grund!

Am Wochenende habe ich für meine Seele etwas Gutes tun wollen und mich „in Bekehrung" geübt. Eine Freundin hatte mich als Unterhaltungsfaktor für ihre drei Besucherinnen angefordert. Zur geistigen Erhebung zogen wir zusammen Engelkarten. Am nächsten Morgen merkte ich gleich beim Aufwachen: Obwohl wir gestern fünf Frauen waren, haben wir (versehentlich?) SIEBEN Karten gezogen, na klar, die sieben Chakren, ganz wie in alten Zeiten!

Die erste Karte für Emmi: Liebe, das war also unser Thema, das vierte Chakra.

Dann für Jasmin: Thema Loslassen, erstes Chakra, ohne das geht gar nix.

Jetzt für Petra: Sinn - über die Sinne spürbar – Sinnlichkeit, also zweites Chakra = die Prüfstelle, ob genug losgelassen wurde.

Petra wollte noch eine weitere Karte: Großzügigkeit, geschieht freiwillig, über die Willenskraft, also drittes Chakra

Jetzt kam Sabine dran: Freude, das Geschenk von oben, nicht steuerbar = siebtes Chakra

Nun war ich selber an der Reihe: Weisheit, Erleuchtung von oben, also das sechste Chakra = die Prüfstelle, ob mein Geist im Gleichgewicht ist oder ob ich gerade ein wenig "verrückt" denke

Neugierig griff ich noch mal zu, sozusagen stellvertretend für alle Anwesenden: Kreativität, funktioniert ebenfalls nur als Geschenk von oben, wenn ich in der "Freude" bin = fünftes Chakra

Hier schloss sich der Kreis mit Emmis erster Karte: siehe da, die Liebe, der Anfang und das Ende, die Mitte von ALLEM = das vierte Chakra

Mit diesem herrlichen Wissen ausstaffiert marschierte ich morgens um sechs ans Medizinrad und stolperte über einen riesigen Berg Fichtenzweige.

Irgendein IRRSINNIGER, wahrscheinlich mein jugendlicher Rasenmäher, dem schon die frisch gepflanzten noch zaghaft blühenden Primeln zum Opfer gefallen sind, HAT ES GEWAGT, meinen Sichtschutz abzusägen. Der wächst hier nie mehr nach, weil die Fichte schon hoch ist!!!!!! Ich heulte und tobte so, dass ich schier nicht ums Rad gehen konnte.

Anschließend betete ich mir unsere sieben Chakren herunter und wieder hinauf, verzehrte mit etwas weniger Genuss als sonst mein Frühstück und fuhr in die Autobahnkirche, um am heutigen Muttertag in die rechte Stimmung zu kommen. Mir gegenüber saß ein älterer Mann mit Krücken. Ich kuckte interessiert hin und dann GANZ SCHNELL WEG: Da hockten tatsächlich die Mieter von Karl Theo, die mir mit ihren ewigen Stänkereien bis zuletzt das Leben schwer gemacht haben und es jetzt bei meiner Schwägerin weiter treiben!!!!!

Ich kuckte fromm nach vorne zum Altar, bis die Kirche zu Ende war, betete die sieben Chakren herauf und hinunter, gab den Friedensgruß nach links und rechts. Zum Glück gibt es den nicht nach GEGENÜBER!

Jetzt ist es bereits fast elf Uhr, zwei Kinder haben schon zum Muttertag gratuliert. Mein Lieblingsenkel hatte meinen richtigen Namen vergessen und nannte mich „Oma HELMI"!! Kann eigentlich nicht mehr viel Schlimmes passieren, oder?
Erst jetzt erkenne ich, dass die Engelslektion voll am Wirken ist.

In diesem Sinne viel Kraft und Geduld mit euren Käfern!!!
Hilfe von OBEN ist Dir gewiss!

Deine zuversichtliche Marlene

P.S. soeben hat mein drittes Kind auch noch an mich gedacht. Ich bin zu Tränen gerührt!!

Liebe Betti!

Ich gebe es gleich zu: Ganz geläutert war ich noch nicht, trotz der höheren Eingebungen.

Eine ganze Woche lang beschäftigte ich mich wutschnaubend mit dem Wegschleifen der schweren Fichtenzweige und baute mein Auto um, damit ich am Samstag Nachmittag zum ersten Mal im Leben auf den blöden Häckselplatz fahren kann, um die riesigen Äste loszuwerden.

Aber siehe da: Heute Morgen sind die Zweige wie durch Geisterhand VERSCHWUNDEN. Nur ein paar winzige Zweiglein verraten, dass da mal was war und ich nicht spinne.

Ich bin so gerührt und erleichtert, dass ich überlege, dem schlimmen Jungen ein extra Trinkgeld zu bezahlen!!! Die Lektion der "Großherzigkeit" beginnt anscheinend zu wirken !!!!

Also, falls Du mich die nächsten beiden Wochen oder die letzten zwei Juniwochen bei der weiteren Käferausrottung brauchen solltest, melde Dich bitte ungeniert!

Ab Juli bin ich bei Helen an der Nordsee, sie hat tatsächlich von sich aus um Hilfe gerufen, weil sie bei irgendwelchen anstehenden Zahnarztbesuchen zwei weitere Arme braucht. Ich freue mich tatsächlich und plane bereits die Bahnreise. Die Preise wechseln stündlich, das ist sehr erhebend!

Es umarmt Dich mit oder ohne Käfer

Deine geläuterte Marlene

Lernmöglichkeiten

Liebe Betti!

So sehr es mich erstaunt, aber wenn ich andere Menschen bei ihren Fragen begleite, finde ich meist vorrangig für mich selber die passende Lösung!

Gestern machte ich drei Seelenbegleitungen innerhalb von 24 Stunden. „Ein bisschen viel", wirst Du sagen. Ja, aber anscheinend nötig FÜR MICH.

Ich bin dabei auf wichtige Dinge gestoßen, zum Thema Fülle und zum Thema Mann/Frau sein dürfen (=Partnerschaft, der liebe Erzengel Chamael!)

Heute Morgen begutachtete ich (mit zugegeben kritischen Augen!!) die Stelle am Eingangsbereich, die mir gestern mein lieber Nachbar etwas zu großzügig ausgesenst hat. Vor zwei Jahren hatte das Karl Theo zum letzten Male gewagt und dabei meinen heilkräftigen geliebten Frauenmantel ausgerottet. Seitdem ließ ich wenigstens die übrig gebliebene Pfefferminze tüchtig auswuchern, bis sie die halbe Wiese erobert hat. Und jetzt war ALLES WEG. Ein wenig betrübt fühlte ich mich schon und vermisste die fleißigen Minzstängel. Als ich im Dämmerlicht zu der ausgesensten Stelle tappte, roch ich ganz deutlich den würzigen Duft der Pfefferminze. Und dann entdeckte ich, zwischen lauter umgekippten Blättern, einen handtellergroßen mit Tau benetzten FRAUENMANTEL. Danke, danke!!!

Noch leicht verheult, aber hochbeglückt marschierte ich ums Medizinrad. Da lächelte mir, gerade als ich in den Osten, den Punkt des Neuanfangs blickte, eine einzige leuchtende Forsythienblüte zu.

Zum Schluss entdeckte ich noch drei unversehrte, NICHT schneckenbewohnte Falläpfel. Die mopste ich meinem im Versteck hausenden Igel einfach weg.

Natürlich habe ich die Pflanzenbotschaften in meinen Aufzeichnungen gleich nachgelesen:

Pfefferminze: Ich fühle mich geistig klar, wach und beweglich. Ich erreiche größere mentale und spirituelle Bewusstheit. (Innerer Mann !!!!)

Frauenmantel: Ich erhalte Kontakt zu den WEIBLICHEN Kräften, zu Mitgefühl und Inspiration. Vertrauensvoll übergebe ich mich dem Schutz der Gottesmutter. (Innere Frau!!!!)

Forsythie: Ich werde motiviert, alte nutzlose Verhaltensmuster zu transformieren (!!!! lächel).

Apfel: Ich entdecke meine eigenen Quellen der Kraft und Kreativität. Optimistisch, belastbar und zupackend finde ich immer mehr Freude am Leben.

Heute, am 18.9. steht in meinem Medizinradbuch („Begegne heute deinem Glück", Rita Kasparek, S. 277): „Alles ist GUT SO, WIE ES IST. Falls Dir jemals wieder Zweifel kommen sollten, wenn Du über Deinen Reichtum und die Gaben nachdenkst, die Dir zur Verfügung stehen, sagt Dir der Amethyst: „Alles, was Du für Dich und andere brauchst, IST JETZT DA!"

Ist das nicht alles unglaublich??

P.S. Ich bin auf dem linken Ohr so zu, dass sogar mein Hals taub ist. UND ich habe, nachdem ich ja morgen schon abreise, HEUTE NOCH genau zur passenden Zeit bei einer mir unbekannten Ohrenärztin den sehnlichst gewünschten Termin bekommen!!!! Wenn das mal nicht die Engel, besonders Chamael, Uriel und Methatron eingefädelt haben! Ab jetzt werde ich versuchen, immer gleich auf sie zu hören.

Deine erhörte Marlene

Fromme Einsichten

Liebe Betti!

Immer wieder bin ich ganz platt, wie sich das Leben in der Natur mit dem, was wir landläufig (!!!) das Übernatürliche nennen, ganz mühelos zusammenfügt.

Das eine Mal finde ich bei einer besonders schönen Pflanze oder einem wohltuenden Heilstein den Impuls, schleunigst eine Engelkarte zu ziehen. Dann wieder erhalte ich mitten im Gebet den Hinweis, einen bestimmten Baum zu besuchen, die Brennnesseln zu ernten oder mehr Wasser zu trinken. Wie verblüfft ich anfangs war, dass die christlichen Feiertage in ihrer Botschaft so treffsicher mit dem indianischen Medizinrad übereinstimmen, brauch ich Dir ja erst gar nicht zu erzählen!

Und siehe da: Am Karfreitag legte mir in Füssen ein freundlicher Franziskanerpater zur BUSSE auf, mir etwas Gutes zu tun. Dabei tu ich das, wie Du weißt, STÄNDIG, aber vielleicht nicht UNANSTÄNDIG GENUG!!!

Noch am selben Tag entdeckte ich ein kleines Plakat mit der Einladung zu einem Frauenwochenende, und WO? In Lechaschau am Frauensee, an den ich früh morgens gerade sehnsüchtig gedacht hatte, ich kann es schier nicht glauben! Danke lieber Gott, so kann ich mir gleich etwas GUTES tun!

So wünsche ich Dir schon mal ein liebes, schwer bepacktes Osterhäslein und GUTE Laune!!

Falls Du von mir länger nichts hörst und liest, weißt Du ja, wieso, und dass ich an Dich DENKE

Deine wieder mal vom GUTEN überraschte Marlene

Katzenliebe

Liebe Betti!

Für die nächsten drei Wochen bin ich bei Helen zum Katzenhüten angefordert worden. In meiner noch manchmal traurigen Durchhängephase ist das für mich vielleicht sogar das genau Richtige.

Die drei kleinen Samtpfoten zeigten sich vom ersten Augenblick an total anhänglich und verschmust. Die schwarze Katze mit dem weißen Fleck auf der Brust heißt Sternchen. Sie verstand gleich, dass auch ich von einem anderen Stern bin, und kuschelte schon mit mir, ehe ich den Fressnapf füllte.

Die kleine Tigerkatze Tiegi war glücklich, dass ich sie nicht wie von Conni gewohnt auf den Boden fallen ließ. Dabei weinte ich aus Rührung über ihre weichen Zärtlichkeiten mit ihr um die Wette. Allerdings konnte sie besser dazu niesen und ich kapierte langsam, dass sie erkältet war. So durfte ich ENDLICH mal meinen Salbeitee und die Bachblüten zum Einsatz bringen, die ich bisher versteckt gehalten hatte.

Der schwarz-weiß gefleckte Kater Anton kapierte sofort, dass ich kein so böser Schwanzbeißer bin wie seine kleinen Katzenschwestern, und liebte mich über alles. Jedes Mal, wenn ich gehen wollte, stellte er mir gekonnt das Bein. Wenn das nicht half, legte er sich auf meine Schuhe. Sobald ich versuchte, ihn abzuschütteln, legte er sich rücklings vor mir auf dem Boden und bog mir seinen dicken weißen Bauch entgegen, um gekrault zu werden. Zum Schluss packte er dann mit den Vorderbeinchen meine Hosenfüße: NEIN, BITTE NICHT GEHEN, WEITER FÜTTERN!!!

Ganz herzliche kuschelweiche Grüße von Deiner Marlene

Kapitel Drei: Ich unter Gleichgesinnten

Befinden: Gut
Kuschelfaktor: Wechselhaft, teilweise sogar hoch

Irgendwann hat man genug von all den einsamen Spaziergängen und Überlegungen. Um all die schönen oder weniger schönen (!!!) Erlebnisse zu verarbeiten, eigene Fragen bearbeitet zu bekommen und auch mal was NEUES zu erfahren, bieten sich größere Gemeinschaften an. Man fällt nicht auf und darf dennoch dabei sein!

Manchmal fühlt sich Marlene regelrecht „ver-rückt". Auf der Suche, wo sie wirklich hingehört, findet sie die unterschiedlich-sten Gemeinschaften oder Menschenansammlungen. Wie schön, wenn die anderen ähnliche Probleme oder sogar gleiche Interessen haben!

Kontaktsuche

Liebe Betti!

Du hast ja recht! Ehe ich mich weiterhin einigle, sollte ich wirklich mehr frische „Menschen"-Luft schnappen.

Meinen guten Willen kennst Du! Da ich seit Jahren in einer Zeittauschbörse bin, ließ ich mich also breitschlagen, mitzuarbeiten und das Verwaltungsteam zu unterstützen (sie fanden keine Dümmere). Meine zwei Mitstreiter ließen sich gleich vorab entschuldigen (die 80- jährige ist gerade in der Türkei, Recht hat sie, und Computer kann sie eh nicht) und der fitte Mittvierziger hat handfeste berufliche Gründe vorzuweisen, NICHT ZU KÖNNEN. Also musste ich einen Computerschnellkurs im Versenden anonymisierter Mails absolvieren. Nebenher gab es noch dreißig Briefe an die Leute zu adressieren und zu versenden, die keine E-Mail-Adresse haben. Die Post kann sich echt nicht über mich beklagen!

Natürlich nützte ich meine neuen Kenntnisse, auch gleich zu meinem eigenen Medizinradseminar einzuladen, weil sich zwei liebe Menschen bei mir schon angemeldet haben, BEVOR ich überhaupt daran dachte, etwas zu halten und eine Einladung zu entwerfen.

Du siehst, ich gebe mein BESTES, nämlich meine Zeit!

Drum jetzt Tschüssi auf die Schnelle
Deine eifrige Marlene

Selbstheilung

Liebe Betti!

Ehe ich meine eigene Gruppe leite, hab ich mich selbst zur Ermutigung auf ein Abenteuer eingelassen: Unbekannte Kursleiterin, unbekannte Teilnehmer. Ich glaube, es hat sich gelohnt.

Die vier Seminartage verliefen sehr intensiv. Beim Vortrag waren noch 10 Leute dabei, beim Sexualhealing vier, beim Workshop noch drei. Aber unsere Medizinfrau nahm es würdevoll und mit sehr viel Liebe. Sie bat nur, das Seminar um ein paar Stunden kürzen zu dürfen, das war mir sehr recht.

Übrigens, zu Deiner Information: Ja, das Sexualhealing hatte wirklich mit SEX zu tun. Was ich allerdings damit soll, jetzt, wo Karl Theo tot ist, konnte mir keine/r so recht beantworten.

Am Samstag dauerte es bis halb sechs. Ich hätte von mir aus den Sonntag auch ausfallen lassen, um einfach faul rumzuliegen. Aber nix da: Das sonntägliche Treffen wurde "zur Strafe" (und um die Anfahrt zu vervierfachen!) in Hinteroberstein abgehalten, UND es dauerte bis halb sieben (ABENDS!).

Heute Nachmittag werde ich bei der lieben Medizinfrau in Hinteroberstein (!!) noch einen kleinen Nachschlag nehmen, damit sich bei mir das Gelernte setzt – und sie nicht allzu sehr auf ihren Unkosten sitzen bleibt!

Weil es bei mir im Keller wieder derart nach Öl stinkt, muss, darf, werde ich aber VORHER noch reinigen. Erst dann bin ich nach meinem Gefühl frei genug, um selbst irgendwelche Kurse zum Thema „Berühren, sich Nahekommen, Nähe genießen" anbieten zu können. Klingt das nicht VERLOCKEND???

Deine hoffentlich bald ganz geheilte (!!!) Marlene

Fastenzeit

Liebe Betti!

Wie tröstlich, am Aschermittwoch die Fastenzeit zusammen mit anderen Menschen zu beginnen, die an das „Höhere" glauben und wie ich bereit sind, sich zu bessern.

Als ich zum Empfang des Aschenkreuzes in der linken Reihe anstand, beobachtete ich grinsend, wie eine Frau mit vor Schreck geweiteten Augen aus der RECHTEN Reihe flüchtete, weil sie entdeckt hatte, dass sie beim Pfarrer persönlich anstand, der mit diabolischem Grinsen und einer Schale voll Ölaschegemisch, frisch aus dem Auspuff seines Dienstwagens, die reumütigen Christen erwartete. Zur Ermunterung und Demonstrationszwecken hatte er sich vom Kaplan bereits furchterregend die Stirn bekreuzigen lassen. Ich atmete erleichtert durch, weil ich seit einigen Jahren Ponyfransen trage und zudem bereits auf der RICHTIGEN Seite anstand.

Aber das Lachen verging mir rasch. Denn seit unsere Geistlichkeit das zunehmende Haarwachstum der Oberdorfer Katholiken im Verlauf der letzten drei Jahre registriert hat, greift sie zu immer schändlicheren Mitteln. Das Aschenkreuz wird von Jahr zu Jahr größer, dicker und sackt immer tiefer, Pony praktisch nutzlos! Und unser Kaplan bemalt mittlerweile unsere reumütige Stirn ebenso routiniert wie der Pfarrer persönlich.

Erst als ich vor ihm stand, bemerkte ich, dass auch er vom Pfarrer gezeichnet worden war. Er ist der Einzige im Gotteshaus, bei dem man nichts sieht, denn er trägt die indische Tarnfarbe. So werde ich also jetzt in mich gehen, fasten und arbeiten, was das Zeug hält.

Deine „bekehrte" Marlene

Unter Frauen

Liebe Betti!

Wieder zuhause.

Mir geht es soweit gut, nachdem Trauern ja normal ist. Ich hätte schon gedacht, dass es schneller vorübergeht. Aber in Umgebungen, wo es früher besonders schön war, kommt halt auch besonders viel hoch. Kein Wunder, dass es mir in Karl Theos geliebten Bergen schwerfiel, ohne ihn zu sein. Da war es fast trostreich, dass Männer sowieso nur „durch die Hintertür" Einlass fanden.

Insgesamt waren die vier Seminartage in Österreich schön und super anstrengend: viele Frauen, viele FREMDE Gesichter (Minimum 35!!). Ich muss erst mal wieder bei mir ankommen und mich selber auffangen. Es gab viele Angebote, aber keinen, der sich therapeutisch hätte engagieren mögen. Nach dem Motto: Selbst ist das Weib!!

So gingen wir am Labyrinth in uns, zurück zu den Ursprüngen, vermissten die Mutter, die Großmutter und die menschliche Nähe unserer gestrandeten Kindheit, und dann zogen wir uns sozusagen am eigenen triefenden Schopf wieder heraus.

Am einfachsten war das tägliche gemeinsame Singen. Wir rasselten und trommelten um unser Leben, weil Bewegung bekanntlich den Erfrierungstod hinauszögert. Denn damit das gemütliche Haus am See auch sauber blieb, durften wir die Stiefel gleich beim Eingang ablegen und über den eiskalten Fliesenboden trippeln, besonders toll, wenn man bei Ladies in der langen Schlange stand und anatomiehalber nur immer ein Bein hochkriegte. Die Heizung war leider ausgefallen, was ja auch viel sparsamer ist.

Am dritten Tag hatte ich den Bogen raus. Ich schnappte mir beim Singen ein altes versifftes Sofakissen als Fußwärmer und lockte damit instinktiv das liebe braune, bisher kontaktunfähige Besucherhündchen an. Er legte sich brettelbreit auf meine abgestorbenen Füße und genoss im Tiefschlaf meine rhythmisch wippenden Bewegungen. Ich LIEBTE IHN und seine ausströmenden Hitzen!!

Auch das Tanzen wirkte erwärmend. Nur wenn unsere gestrenge Lehrerin mit ihren schlohweißen straff nach hinten gekämmten Haaren den Kreis durchschritt und meine zitternde Hand ergriff, weil sie zu viel "Variation" in meinen Bewegungen erspäht hatte, gefror mir das Blut in den Adern und ich vertappte mich noch mehr. Und das bei gediegener Händelmusik, oder war es Haydn? Jedenfalls ergreifend schön.

Morgens und abends genoss ich, dass ich am Weissensee wohnen durfte, wo mich Wärmflaschen, heißes Wasser und BILLIGE Mahlzeiten erfreuten (denn NEUN Euro für einen Teller Nudeln mit Soße PLUS fünf Euro Salat im Seminarhaus ist ja schon etwas für den gehobeneren Geldbeutel!).

Dass mich jetzt außer der halbstündigen Anfahrt auch noch ein kräftiger Bergmarsch erwarten würde, wusste ich bei der Anmeldung noch nicht. Mein Auto musste nämlich UNTEN bleiben, Pech! Egal, solang die Sonne schien (am ersten Tag), konnte ich auch draußen auf der Parkbank pennen (MITTAGS). Weil ich nach dem gemütlichen halben Schläferstündchen aus eigener Kraft fast nicht mehr aufzustehen vermochte, bestellte ich ab dem zweiten Tag Regen. So schonte ich meine Bandscheiben und trainierte mein Durchhaltevermögen.

Alles Liebe Dir, starke Nerven und warme Füße!

Es umarmt Dich noch etwas mystisch Deine Marlene

Abenteuer Kuschelparty

Liebe Betti!

Stell Dir vor, ich habe es gewagt!!! Nach langem Hin und Her musste ich mich einfach – ganz spontan!! – für die Teilnahme an einer Kuschelparty entscheiden. Der Wunsch nach Nähe und Körperkontakt schien mir mit einem Mal drängender als die altbekannte Menschenangst, die mich seit Karl Theos Tod zuweilen wieder einholt.

Bei der Planung hieß es eine Menge äußerer Widerstände zu überwinden: mutmaßliche 50 Kilometer mit dem Auto, noch dazu Autobahn, dann durch die Innenstadt, das ging schon mal gar nicht. Also habe ich meinen Nachbarn Bertl anbetteln müssen, ob er mich die erste Strecke in seinem Wagen mitnehmen kann. Als Nächstes brauchte ich eine Übernachtung in freundlicher, angenehmer Atmosphäre. Also verführte ich meine Zweitfreundin Sally, mich beim Kuscheln zu begleiten. Das war leicht, sie ist zurzeit ebenfalls solo. Nur blöd, sie konnte wegen ihrer Arbeit nicht pünktlich um halb acht vor Ort sein, versprach aber, mich am späten Abend zu sich nach Hause mitzunehmen. Was blieb mir übrig? Ich musste die Anbieterin becircen, mich noch zwei Tage vor Beginn bei ihrer „Ausbildung zum Kuschelleiter" einzuschmuggeln. Immerhin besitze ich genügend psychologische Vorerfahrung von wegen Schule, Kinesiologie, NLP, bla bla bla, sodass man wenigstens glauben könnte, ich sei geeignet. Von meinen Ängsten hab ich ihr vorsichtshalber nichts erzählt. Diese liebe „Mutti" hat praktischerweise die Strecke intus und chauffiert alle künftigen Kuschelprofis in ihrem Bus zum Ziel, echt komfortabel. Jetzt bloß noch blechen, aber das tat ich gerne!

Als Erstes absolvierten wir zu fünft ein eindringliches Vorbereitungsgespräch, auf was alles zu achten wäre:

Grundsatz Nummer Eins: KEIN SEX!!! Na klar, sonst hätte ich mich erst gar nicht angemeldet.

Grundsatz Nummer Zwei: Unterbinde als Kuschelleiter bereits die allerersten Ansätze zu „unsittlichen" Berührungen.

Grundsatz Nummer Drei: Jeder/jede, die es wagt, dieses Gebot zu unterlaufen, wird freundlich ermahnt und schwuppsdiwupps zur Tür geleitet.

Jetzt war ich echt beruhigt. Bei dieser Veranstaltung würde ich ganz sicher sein, wie herrlich!

Der Bus brachte uns aufgeklärt und gut gelaunt schon pünktlich um sieben zum Ziel. Wir durften an der Kasse sitzen, die ebenfalls aufgeregten „Gäste" freundlich in Empfang nehmen und um 20 € erleichtern. Alle zahlten bereitwillig und voller Erwartung, und ich schwör es Dir, ZU RECHT!

Es war ein so gelungener harmonischer Abend wie seit Jahren nicht mehr. Dreißig wildfremde Menschen wurden liebevoll angeleitet, sich anzunähern. Leise angenehme Musik nahm uns die ersten Hemmungen. Wir berührten uns im Vorbeitanzen eher unmerklich. Hier ein Schulterdruck, dort ein vorsichtiger Klaps, eine sekundenschnelle Umarmung, ein Streicheln der zerzausten Haare. Na ja, es war tatsächlich der pure Vollrausch. Menschen zu berühren, die einem fremd sind, die man auf der Straße nicht mal bemerken würde, einem Punker den Arm zu streicheln, vor dem ich früher geflüchtet wäre, und das alles freiwillig, aus tiefer Begeisterung heraus. Ich hielt einen schüchternen jungen Mann im Arm, der obwohl bei dieser Veranstaltung schon ein „alter Hase", trotzdem vor mir, der grauhaarigen Oma, tatsächlich mehr Angst hatte als ich vor ihm. Ich schaute einer hübschen, schwangeren Dreißigjährigen in die Augen und sie spiegelte mir den gleichen Hunger nach Zärtlichkeit, den ich in mir selbst aufsteigen spürte.

Zum Schluss lagen wir alle dicht gedrängt auf dem gemütlich mit Matten gepolsterten Boden, balgten uns, drückten uns und niemand musste vom Platz verwiesen werden, weil er von seiner Umgebung etwa als zudringlich, grob oder unsensibel wahrgenommen worden wäre.

Da riss mich die leitende „Mutti" mit einem Ruck aus meinem köstlichen Kinderparadies und wies mich flüsternd an, mich jetzt auf meine AUFGABE als Beobachterin und „Kontrolleurin" zu besinnen. Schließlich sei ich hier, um mich weiterzubilden und hätte eine Menge Geld dafür bezahlt.

Ich seufzte innerlich und fühlte mich fast zurückgewiesen, weil ich meine Liebe und Zärtlichkeit nicht weiter an die anderen verströmen durfte. Was bitte schön gab es Wichtigeres für mich zu lernen! Frustriert beobachtete ich eine halbe Stunde lang die vergnügt vor sich hin Kuschelnden.

Pünktlich zu Beginn der Geisterstunde musste ich die Grausame spielen und helfen, den fröhlichen Haufen zu entwirren. Leider, leider, das war's bis zum hoffentlich baldigen Wiedersehen und ab nach Hause!

Froh und dankbar stieg ich bei Sally ins Auto, ließ mich von ihr durch die Dunkelheit kutschieren und dankte meinem Schöpfer, dass ich wenigstens diese Nacht nicht alleine sein musste!

Am nächsten Tag fand für die künftigen Kuscheltrainer eine ausführliche Nachbesprechung statt. Juhu, ich bekam keine Abreibung für meine hemmungslose Teilnahme. Wir lernten viel über Bindungshormone und ich kapierte, dass meine Entzugserscheinungen nicht erst jetzt, nach der Party, begonnen hatten, sondern ihre Wurzeln bereits in der Kindheit gelegt worden waren. Vielleicht hätten schon meine Eltern gerne den Umgang mit

Nähe und Distanz gelernt, wenn das vor 60 Jahren möglich gewesen wäre.

Umso dankbarer bin ich, HEUTE ein wenig mehr Bescheid zu wissen. Vielleicht nützt es ja auch meinen Kindern und Enkeln. Für mich jedenfalls war es heilend. Ich begegne den Menschen im Dorf jetzt frei und offen, liebe die Kontakte und bekomme ungewohnt viel an Herzlichkeit zurück. Die Kuschelparty war für mich ein unbedingt nötiger Aufenthalt im "Kindergarten" meiner Seele, um nachzureifen.

Magst Du beim nächsten Termin auch dabei sein?
Kleiner Tipp: Hätte ich meinen Karl Theo noch, würde ich sogar zusammen mit ihm dahin fahren. Ich konnte erleben, dass auch einige Paare auf der Veranstaltung hinterher – beide - wie verwandelt schienen.

Sei dieses Mal besonders zärtlich und kuschelig umarmt
von Deiner Marlene auf Wolke Sieben

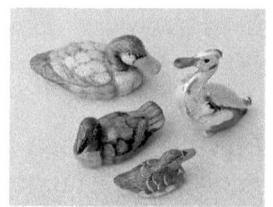

Tauschbörsenfreuden

Liebe Betti!

Das Jahr ist beinah um und wieder einmal darf ich Dir von einem Tauschbörsenfest berichten.

Ehe wir mit dem traditionellen Wichteln begannen, gab es die interessanten Vorab-Gespräche. Rechts von mir erzählte ein besonders geplagter Mensch, wie ihn sein Mieter in den Wahnsinn treibt und er ihn einfach nicht mehr aus dem Haus hinaus bekommt. Links von mir berichtete eine Tauschfreundin, wie glücklich sie über ihren neuen Thermomix sei, den sie so billig im Supermarkt erstanden habe. „Nur rückwärts kann er nicht!"

Ich schaute sie verblüfft an: „Wieso rückwärts???"

„Na ja, die teuren können das."

Jetzt war ich total von den Socken und fragte ungläubig nach: „Also, man macht Hackbraten und dreht das Ganze zurück????" Da brüllte sie vor Lachen und sagte:

„Ja klar, dann kommt das lebendige Tier wieder raus." Also Sachen gibt´s!

Mir gegenüber erzählte eine leicht genervte Dame vom vorjährigen SCHROTT-Wichteln: Die tolle Metall-Lampe hätte nicht funktioniert, weil OHNE Halterung und Fassung wäre eben nichts zu machen. „Wir haben sie gleich weggeschmissen."

In diesem Moment nahm der mietergeschädigte Herr neben mir Witterung auf und hakte nach:

„Das kann nicht sein. Die Lampe hat funktioniert. HUNDERTPROZENTIG!!"

Ich signalisierte meinem Gegenüber, doch BITTE BITTE zu schweigen. Aber sie machte frech weiter: „Nun ja, sagen wir mal so. Das Tageslicht hat durchgeschienen. Aber innen fehlte alles."

Neben mir herrschte einen seligen Moment Totenstille. Und dann legte er los:

„Das war SABOTAGE. DAS KANN NUR MEIN MIETER GEWESEN SEIN... !!!!!!!!!!!!!!!!!!!!!!.............."

Jetzt waren wir allesamt fassungslos. Nur unsere Teamleiterin verlor die Fassung nicht und blies zum Tausch.

Ich war gespannt, wer mein besonders liebevoll verpacktes Geschenk öffnen würde. Denn voriges Weihnachten hatte ich einen praktischen Allesschneider von meiner Tante geschenkt bekommen und seit fast 12 Monaten für den diesjährigen Wichteltausch reserviert. Die gute Magda öffnete erwartungsvoll mein Paket, schnupperte an der schönen Bio-Trost-Schokolade und holte dann das Universalgenie aus der Pappschachtel. Alle waren neidisch, nur ich nicht. Etwas ratlos probierte sie, dann las sie mit leuchtenden Augen vor: „Einfach gegengleich drehen."

„Wie praktisch, und das funktioniert OHNE Strom!"

Nur ich allein wusste, es funktioniert WEDER BEI ZWIEBELN, NOCH BEI KRÄUTERN, NICHT MAL MIT EINER GEKOCHTEN KARTOFFEL. Aber ich kann schweigen!

Zur Strafe bekam ich eine kleine metallglänzende Krümelschaufel. Juhu, ich konnte sie gegen eine angenehm lockere handgestrickte Mütze mit Bommel eintauschen. Als ich diese probeweise aufsetzte, fiel sie mir bis über die Kinnlade, sodass mein Aufschrei dahinter erstickte.

Essensmäßig hast Du wirklich nix versäumt. Außer meinen Bio-Käse-Pumpernickeln gab es ausschließlich Süßes. Die Hauptverantwortlichen kamen schon SATT und wollten NICHTS, dafür brauchten sie nicht zu kochen und zu backen, wie praktisch!!

Mal ganz ehrlich: DICH würde ich niemals eintauschen!
Deine Marlene

In der Mette

Liebe Betti!

Das Weihnachtsfest ist in diesem Jahr wider Erwartung noch sehr nett geworden. Ich habe mir, ehe ich mit mir alleine Heilig Abend feiern wollte, zuvor noch die Weihnachtsmette in der Autobahnkirche gegönnt, schon um sechs Uhr. Zuhause würden die anderen Leute vor ihren Bratwürsten, Gänsen oder sonstigem Fettzeug sitzen, ihre Geschenke auspacken und den Christbaum anzünden, während die fromme Marlene in kleiner Gesellschaft mit dem lieben Herrn Pater gesanglich die Stellung hält.

Na ja, vorsichtshalber fuhr ich schon eine Viertelstunde vor der Zeit los, und ich hatte mein Kissen dabei, falls die begehrten vierzig Sitzplätze tatsächlich schon für irgendwelche "schwächelnden Mitmenschen" vergeben wären. Mir tun es die gemütlichen Eingangsstufen genauso. DACHTE ICH!!!

Als ich ankam, war schon mal kein einziger Parkplatz frei. DAS DURFTE JETZT ABER ECHT NICHT WAR SEIN!! Liebte mich etwa das putzige Christkind nicht mehr, bloß weil bei mir keine Sterne am Fenster hängen und der Esstisch (NOCH NICHT) festlich dekoriert war? Und, na ja, kein Tannenbaum, aber zumindest ein Kerzelein wäre doch im Schrank gewesen. So was muss ein Christkind doch wissen, heilig, wie es ist, oder??

Innerlich geknickt eierte ich hinunter auf den Notparkplatz, der manchmal im Hochsommer herhalten muss, wenn die Leute draußen VOR der Kirche kampieren. Zum Glück kein Schnee und nur wenig Matsch, wie gut, dass mein Auto nicht in der Waschanlage war!! Hier konnte ich gerade noch eine freie Stelle finden.

Erschrocken setzte ich mir mein dünnes Mützlein auf, für alle Fälle, ehe ich mich in die Prozession zur Kirche einreihte. Die ganzen erwartungsfrohen Andächtigen schüttelten wie ich den Kopf über so viel Unverstand. Was dachten sich die Leute bloß, wieso feierten die nicht ZUHAUSE, wie es üblich ist? Gibt es nicht Christmetten wie Sand am Meer um 20 Uhr, 21 Uhr, sogar um 23 Uhr??????

Schon zwei Meter vor den verlockenden Eingangsstufen, auf die ich mich gerne niedergelassen hätte, stoppte der Zug. Hundert Leute stellten sich auf die Zehenspitzen und linsten begehrlich ins festlich geschmückte Innere, wo es WARM und WINDSTILL sein würde.

Ich flüsterte ein unheiliges SCH.... vor mich hin, dann fuhr ich meine Ellenbogen aus, streckte mein Kinn kämpferisch nach vorn und blähte meine Aura auf, bis ich mich so RIESIG fühlte wie Connis Schokoladennikolaus. Viel half es nicht, denn jedes Mal, wenn ein beleibter Zweieinhalbzentner vor mir eine Bresche schlug, schloss sich die Lücke, ehe sich mein Knie auch nur anhob. DABEI GAB ES OHNE JEDEN ZWEIFEL GANZ VORN NOCH ZEHN STEHPLÄTZE!!! Wir draußen vor der Türe hofften auf ein Machtwort des Paters. Aber er grüßte uns alle bloß freundlich und wünschte eine FRIEDVOLLE gemeinsame Feier (????).

Hinter mir verlor ein mächtiger Bulle die Geduld und donnerte eindrücklich los, man möge vorne ENDLICH AUFRÜCKEN, es sei kalt! Da hatte er tatsächlich recht! Dicht vor dem Altar entstand nervöses Füßescharren. Und mit der Wucht von gefühlten hundert Tonnen wurde ich die so herbei gesehnten Treppen hinunter geschoben, auch noch vorbei am rettenden Weihwasserkessel, hinein in eine dampfende schwitzende Sauna.

Ehe mir die Sinne schwanden, dachte ich ein letztes Mal liebevoll An DICH und gelobte Gott samt dem Christuskind, ich würde NIE MEHR eine frivole Kuschelparty besuchen, um mich mit wildfremden Leuten zu drücken. SO VIEL NÄHE braucht kein Mensch, Hormone hin oder her!!!

Wie Du anhand des Mails erkennen kannst, habe ich überlebt!! Ich stellte mich abwechslungsweise aufs linke oder rechte Bein und schaufelte mir millimeterweise rückwärts den Weg frei bis zum rettenden Weihwasserbecken. Hier konnte ich mich genüsslich anlehnen und notfalls sogar mit Wasser besprengen.

Bei der Kommunion schickte der Herr Pater seine zwei jugendlichen, frischen Helfer los, um die Reihen zu durchqueren und den göttlichen Trost zu spenden. Übrigens, der kühle Lufthauch von draußen durch die geöffnete Tür tat auch gut. Die Mütze hätte ich mir echt SCHENKEN können!

Zum Schluss haben wir aus voller Kehle STILLE Nacht, HEILIGE Nacht gesungen und begannen friedlich nach Hause zu fahren. Das Ausparken dauerte circa genauso lang wie die Mette.

Deine noch immer festlich gestimmte Marlene

Kapitel vier: Ich und meine Familie

<u>Befinden:</u> Zufriedenstellend
<u>Kuschelfaktor:</u> Hoch, aber kurz und selten

Vergleichsweise schwieriger als in einer lose zusammen gewürfelten Gruppe erweist sich das Leben mit der eigenen Familie. Gewohnheit mag die Beziehung erleichtern, muss aber nicht. Der Vorteil sporadischer Treffen liegt eindeutig in der zeitlichen Begrenzung!!!

Da Marlene eine sehr enge, liebevolle Zweierbeziehung hinter sich hat, in der die Familie eine eher nachgeordnete Rolle spielte, mögen manche ihrer Probleme nicht der Norm entsprechen. Wobei, mal ehrlich, gibt es überhaupt eine NORM???
Immerhin können wir aus den geschilderten Erlebnissen lernen, wie guter Wille und Ausdauer belohnt werden – oder halt auch nicht!

Pläne

Liebe Betti!

Am Wochenende wollte ich eigentlich zum Weissensee. Jetzt hat sich mein Bruder samt Frau angemeldet. Er ist im Prinzip unkompliziert, aber zu zweit brauchen sie halt auch zwei Betten. Das bedeutet, ich werde im Keller mein Notlager aufschlagen müssen. Und da ich ja die Berge schon eingeplant hatte, haben sie spontan entschieden, da wollen sie ja soooo gerne auch noch mit. Da oben gibt es, wie Du weißt, auch nur EIN Doppelbett - und EIN Notlager im Gang. Mein spezialmatratzenverwöhnter Rücken schreit jetzt schon juhuuu, aber Schwesternliebe geht halt über alles.

Meinem lieben Sohn hab ich wegen dieser Pläne das Ostersonntagsmenü leider, leider absagen müssen.

Heute Vormittag fahre ich mit einer Freundin nach München, wo ich VIELLEICHT bärige Bär-Bequemschuhe für mich finden werde. Morgen geh ich zum Notar, na klar, wohin sonst!!!

Nachmittags will mir ein Tauschbörsianer den Garten umkrempeln, HILFE!! Er ist neu und braucht somit Tauschpunkte, ich aber bräuchte DRINGEND meinen Mittagsschlaf!

Am Freitag kauf ich für mein Bruderherz ein und putze das Haus. Am Samstag BESUCH und Vorkochen, weil wir eine ALTE Bekannte treffen wollen, die kann nicht für fünf Personen schuften, eh klar. Am Sonntag Abmarsch. Ich hab dann bis Ostern Zeit, mich wieder zu erholen.

Am Ostermontag feiert meine Tante ihren 91. Geburtstag. Da sollte ich wieder zuhause sein.

Deine total verplante Marlene

Osterfeier

Liebe Betti!

Hoffentlich hattest Du ein ähnlich schönes Osterfest wie ich. Bei mir hat alles geklappt und ich durfte diese Woche feststellen, Berge und See zu genießen reicht mir völlig aus, um glücklich zu sein.

Natürlich war mit meinem Bruder und seiner Frau zusammen das Leben noch viel leichter und schöner. Seine Rosi ist so unkompliziert und in vielen praktischen Dingen geradezu unentbehrlich, dass mein Rücken die Marterqualen auf dem Ersatzsofa gern länger erduldet hätte, zumal ja Karwoche war. Was bedeutet schon ein bisschen Schlafmangel?! Ersatzweise ist mir dafür immer bereits nach zwei Stunden der Kopf eingeschlafen!!!

Wieder im eigenen Bett hole ich wie ein Steinbär die wach gelegenen Stunden nach. Allerdings habe ich beschlossen, am Weissensee eine BEQUEME Liege im Gang zu installieren, damit ich öfter mal oben mit Freunden, sprich MIT DIR, pennen kann.

Wegen meiner Reisepläne hatte ich ja meinem lieben Sohn das Ostersonntagsmenü vorsichtshalber abgesagt, worauf er noblig und mit leicht spitzer Zunge nuschelte:

„Du weißt ja, wenn man am Sonntag in die Kirche geht, das ist, wie wenn einen der liebe Gott persönlich zum Geburtstag eingeladen hat, und wenn man dann nicht kommt ...."

Uiiii, so hab ich das mit der Sonntagspflicht also damals meinen Kindern erklärt, als sie klein waren!

Aber dann kam ein Anruf von Jana, ob ich nicht am Sonntag zum Ostermenü in ihrem Auto mitfahren wolle.

Ich bat um Bedenkzeit und rief reumütig bei Peter an:

„Was würden GOTT, Moni und Du sagen, wenn ich am Sonntag DOCH zur Einladung kommen würde?????"
Er grinste zufrieden ins Telefon und sang: „ER FREUT SICH!!!"
Ich mich auch.

Bei Peter war es toll. Chrissi hat mich fast zerquetscht vor Liebe und uns Erwachsene gezwungen, unter seiner Anleitung Jonglieren zu lernen, mit seinen neuen Osterhasenjonglierbällen. Unter Todesgefahr haben seine dicke Katze, die blank geputzten Wohnzimmerschranktüren und die fast Funken sprühende Moni überlebt.

Aus "Rache" servierte sie mir ein so super leckeres Tiramisu, dass ich nicht aufhören konnte, bis mir echt doch noch schlecht wurde, obwohl ich kurz vorher noch glaubte, NIE MEHR aufhören zu können. Mit einem Miniapfelstreuselkuchen und einem klitzekleinen Windbeutel konnte ich dann meinen aufrührerischen Magen wieder beruhigen. Schließlich hatte ich außer dem mittelgroßen Stück Blätterteig-Gemüsestrudel mit Ei und Käse fast nichts im Magen.

Ich denke, jetzt ist Pater Franziskus doch endlich mit mir zufrieden, ODER????

Ich wünsch Dir eine schöne ruhige Nachosterwoche mit hoffentlich KEINER?? oder wenigstens WENIG Arbeit!!

Herzlich Deine noch immer vollgefressene
aber nicht angefressene Marlene

Das wahre Familienleben

Liebe Betti!

Du weißt ja am besten, wie sehr ich mich nach meiner Familie im Norden gesehnt habe, um der Einsamkeit zu entfliehen. Aber hallo, so einsam wie dieser Tage habe ich mich schon lange nicht mehr gefühlt!

Die Kleinen scheinen mich über Nacht jedes Mal regelrecht zu vergessen. Sicher ist das purer Selbstschutz, weil ihnen ihre bestimmerische, energische Oma wohl wie die böse Hexe vorkommt. Dabei verkneife ich mir fast alle kritischen Fragen:

„Ääääh, warum geht eigentlich Freddi noch nicht aufs Töpfchen?"„Iiiiih, Connilein, musst du diesen Regenwurm wirklich in der Luft zappeln lassen? Mit der Schaufel kleinhauen? Aufessen???"

Dummerweise habe ich heute folgende Sätze laut ausgesprochen:

„Sag mal, Helen, hast Du keine Angst, wenn Freddi auf seinem Fahrrad voraus saust und ohne zu Kucken die Straße überquert?"

Darauf Helen: „WIESO, ER HAT DOCH GESCHAUT!!!!"

Beispiel Zwei: „Nein, Conni, vor dem Mittagessen holst Du dir kein Schokoladeneis aus dem Kühlschrank!"

O-Ton Helen: „WIESO, lass das Kind! Sei froh, wenn sie was isst!!!"

Ehrlich, Betti, ich besitze den Nerv nicht mehr. Wie hab ich eigentlich früher unsere eigenen Kinder groß gekriegt? Vielleicht ist das der Haken. Helen meint, ich hätte es schlichtweg verbockt. Das könne man ja an ihr selber erkennen. NA DANN !!!

Deine frustrierte Marlene

Aufwärts

Liebe Betti!

Mittlerweile hat sich die Lage entspannt. Ich genieße das Meer und die warmen Wellen, wenn sie denn mal endlich kommen.

Gestern hab ich mir regelrecht die ganze Rückseite verbrannt, während ich im Schlick feststeckte und auf die Flut wartete. Aber das war es mir wert. DENN – Freddi planschte derweil fröhlich neben mir mit seinem Sandeimer. Sogar Conni quietschte vor Lachen und blinzelte ein paar Mal ganz entspannt zu mir herüber. Als das Wasser sich erbarmte und das kühle Nass über uns hereinbrach, flehten wir die plötzlich gestrenge Mama an, einmal im Leben der Oma zu VERTRAUEN und mit den kleinen Rackern weiter toben zu dürfen. Vorsorglich entriss sie mir die Kleine, ließ sich aber immerhin erweichen, für Freddi das Schwimmbrett freizugeben. Ich spielte mit ihm Monsterfähre und kutschierte ihn keuchend und prustend durch das bewegte Wasser. Er jauchzte und ich war glücklich. So also fühlt es sich an, eine kompetente Oma zu sein!

Hinterher durfte die kleine Conni als Entschädigung ihr Nachmittagsschläflein im Kinderwagen mit Oma zusammen, also wirklich mit mir ALLEIN machen. Sie war einfach schon zu müde, um zu protestieren, und Mama Helen schien auch geschafft.

Na, das ließ ich mir nicht nehmen. Wir stiefelten los und ich sang ein Schlaflied nach dem anderen, damit die Kleine ja nicht aufwachte.

Als ich das Kindlein um fünf Uhr wohlbehalten zuhause ablieferte, lag der Rest der Familie auf dem Sofa. Mama Helen, noch im Dämmerzustand, versprach mir, ich dürfe morgen wieder eine Ausfahrt mit Conni machen. Die Ruhe soeben sei wirklich erholsam gewesen!

Deine stolze Oma Marlene

Ausfahrt

Liebe Betti!

Wie vereinbart erschien ich pünktlich nachmittags um drei, um meine Enkelin abzuholen. Conni schien sich wider Erwarten zu freuen und holte ihre Schuhe aus dem Regal. Dabei purzelte der gesamte Inhalt zu Boden. Ich war so begeistert darüber, dass die Kleine freiwillig mit MIR fortwollte, dass ich das herumliegende Chaos beseitigte, ohne zu murren. Bloß nicht Mama Helen verärgern, so nahe am Ziel!!!

Während ich den Kinderwagen aus dem Schuppen zerrte, Trinkflasche, Sonnenhut und Strickmütze verstaute, sowie gleichzeitig das vor Eifer zappelnde Kind fertig anzog, hatte Helen leider genügend Zeit, noch mal gründlich nachzudenken. Ob ich mir denn der Verantwortung bewusst sei? Möglichst keine größere Straße überqueren würde? Die unruhige Kleine auch WIRKLICH angeschnallt ließe? Besonders beim Schlafen sei sie manchmal so unruhig ....

Also, hallo, Betti! Wie hab ich eigentlich meine eigenen Drei groß gekriegt? Aber ich biss mir auf die Zunge und fragte Helen nicht.

Jetzt bloß keinen Fehler machen und schnell weg mit Conni!

Ich gelobte aufmerksame Fürsorge, Achtsamkeit im Straßenverkehr, die Vermeidung von Ruhestörungen, solange die Kleine schlief. Und JA, ich würde für kindgerechte Abwechslung sorgen, wenn die liebe Kleine wach sei.

Helen seufzte hörbar und ich entfloh, ehe Conni laut aufheulte.

„Alles gut, mein Schatz", flüsterte ich ihr beruhigend zu und begann zu singen. Das dient schließlich der Unterhaltung, hilft beim Schlafen UND übertönt allzu laute Schreie. Nach einer geschätzten Viertelstunde ergab sich Conni in ihr selbst gewähltes Schicksal und dämmerte weg. Ich konnte ihr unbemerkt den Sonnenhut aufsetzen.

An den darauf folgenden Tagen fuhren wir täglich zum Spielplatz im nahegelegenen Feriendorf. Dort buddelten wir endlose Sandlöcher und schoben einen verwaisten Lastwagen durchs holperige Gelände. Conni durfte unter Auferbietung sämtlicher Vorsichtsmaßnahmen auf die kleine Rutsche. Abends lieferte ich das porenrein gesäuberte, fest angeschnallte und meist im Tiefschlaf befindliche Kind wieder ab und alle scheinen zufrieden, sogar Helen, aber ich am meisten.

Endlich am Ziel?
„Oma" Marlene

Fehltritt

Liebe Betti!

Danke für Dein Lob! Leider ist bereits alles überholt, was ich Dir gemailt habe.

Mein/unser Glück hat nur gehalten, bis das Wetter umschlug! Und das alles wegen einer Mütze!!

Conni hat ihr rotes Sonnenhütchen gerade noch so geduldet. Aber Strickmützen hasst sie, sogar die weichen, hübschen, unter Garantie nicht kratzenden!

Natürlich sagt Helen: „Wenn sie nicht will, braucht sie nicht!" Aber mein Omahirn sieht das anders. DOCH, SIE MUSS !!! Denn im Vertrauen gesagt, was täte ich, wenn die Kleine krank wird? Sie ist mein Alibi fürs Feriendorf geworden, wo man überraschend vielen netten Menschen begegnen kann.

Als ich alle Strategien durchhatte, wie man eine lästige Mütze am kindlichen Kopf befestigen könne, ohne die strampelnde Besitzerin dabei zu erdrosseln, war es geschehen: Conni hasste mich noch mehr als ihre Ohrenwarmhaltevorrichtung.

Zuhause gelang es mir sogar noch, Helen zu verärgern, weil ich dem armen, hungrigen Kind erschrocken zurief:

„NEIN, Conni, das Katzenfutter darfst du nicht essen!!"

Betti, wie Du siehst, ich hab's wieder mal vermasselt!

Nachts wälzte ich mich im Bett und grübelte nach, warum es zwischen mir, Helen und den Enkelkindern immer wieder schief läuft. Eines habe ich inzwischen kapiert: Es wird nicht so weiter gehen können, dass es mir andere Recht machen sollen.

Erstens: Ich muss lernen, selber gut für mich zu sorgen.

Zweiter Schritt: Ich konzentriere mich mehr auf die Bedürfnisse der anderen und gebe das, was benötigt wird und nicht immer gleich das, was ich gerade loswerden möchte.

Dazu brauche ich, das ist mir jetzt klar, ein paar Stündlein Therapie!! Schon allein, um mir die Erlaubnis zu holen, in einer EIGENEN Wohnung übernachten zu dürfen, um der Familie UND MIR wenigstens abends und nachts Ruhe zu gönnen.

Übermorgen fahre ich mit der Bahn auf direktem Wege nach Hause. Ich habe beschlossen, ein letztes Mal IN MICH zu gehen und aus meinem Aufenthalt zu lernen. In Zukunft möchte ich mehr das AUSSEN in den Blick bekommen. Denn so viel habe ich bereits dank meiner Familien- „Therapie" kapiert: dass sich seit Karl Theos Tod alles um mich selber dreht, ein ewiger nutzloser Kreislauf. Am liebsten würde ich da rausspringen wie aus dem Kettenkarussell beim Plärrer. Bis jetzt fehlte mir der Mut dazu.

Auf der Suche nach mir selbst
Deine Marlene

Überraschend

Liebe Betti!

Tausend Dank für Dein Appetit anregendes Mail! Leider werde ich Deine leckere Einladung absagen müssen, da die Wochenenden mit Peter, Enkeln, Moni, Jana und meiner Schwester Line schon proppe voll verplant sind. Teilweise muss ich die "Empfänge" meiner Bayern schon an den Weissensee verlegen, um selber ein wenig Bergluft zu schnuppern.

Aber letzten Samstag direkt vor der Abfahrt habe ich einen zeitersparenden Volltreffer gelandet. Als ich mit der humpelnden Line am Arm und knallvoller Blase bei 34 Grad im Schatten und völlig durchgeschwitzt ins Oberdorfer Eiscafé schlurfte, (das, wen wundert es bei diesen Temperaturen, fast völlig leer war) und meinen Blick starr auf die Klotür gerichtet hielt, hörte ich aus dem hintersten Eck eine erstaunte Stimme:

„Ja Tante Line ...!!!" Ich drehte mich verwirrt um und hätte meine Schwester beinah fallen lassen. Da saßen grinsend und riesige Eisbecher löffelnd mein Sohn Peter samt Jana und Klein Laura. Begeisterte Umarmung, an Klo war nicht mehr zu denken (LEIDER !!!!) und es entstand ein lebhaftes Gespräch, bei dem sämtliche Klippen gekonnt umschifft werden mussten: Line sollte nicht erfahren, dass Peter von daheim ausgezogen ist, Peter nicht, dass Jana einen Freund hat, Jana nicht, dass Peter und ich bei Moni mit Chrissi am nächsten Tag Firmung feiern würden, Laura nicht, dass dies alles nicht ganz normal ist, und ALLESAMT nicht, WIE SEHR ICH AUFS KLO MUSSTE!!!

Glücklich, eine so nette Familie zu haben
Deine Marlene

Neuer Anlauf

Liebe Betti!

Schon wieder mal im Norden, aber diesmal in eigener Wohnung! Anscheinend haben wir alle dazu gelernt. Familie ist einfach um so vieles besser als alleine zu sein!
Helen schien von Anfang an ungewohnt entspannt und offen. Dass wir nicht mehr Tag und Nacht ununterbrochen aufeinander sitzen, tut ihr gut, mir natürlich auch! So habe ich einfach nicht mehr andauernd die Möglichkeit, ihr drein zu reden, und sie genießt es!

Fred war gleich zugänglich. Er spricht, lacht und rackert mit mir in voller Lautstärke. Die kleine Conni musste ich mir neu zurückerobern. Sie hängt unentwegt am Rockzipfel ihrer geliebten Mama. Ist es ihr unheimlich, dass ich nach jedem Nordseeaufenthalt für längere Zeit für sie nicht auffindbar bin? Am Ende hat sie Angst, ich könnte sie mitnehmen! Aber hallo, eine harmlosere Oma wie mich gibt es in ganz Deutschland nicht, oder?!

Da ich für jeden ein Bachblütenfläschchen mitgebracht hatte, gab es eine Menge zu besprechen. Ich fand endlich mehr Zugang zu Helen und wir reden mittlerweile wie "normale Menschen" miteinander. Falls es doch mal am Familienhimmel zu grummeln beginnt, schlecken mir die beiden Kleinen (HEIMLICH) ihre Bachblüten aus der Hand und ich selber nasche an Helens Tropfen. Hinterher massiere ich uns alle mit den Bachblüten die Schläfen ein und sogleich herrscht wieder Frieden im Karton.

Deine heiß-„blütige" Marlene

Übung macht den Meister

Liebe Betti!

Kaum zu glauben, wie schnell zwei Wochen vergehen, wenn man keine Post öffnen muss, der Fernseher dauernd besetzt ist und der neue Laptop Zicken macht!!
Mit Sternenzählen und Mondanbeten allein ist es nicht getan. Da braucht es zumindest eine kleine Enkeltochter, die einen mit Brotstücken bewirft und mit Milch bespritzt. Und einen pubertierenden Vierjährigen, der dir gekonnt einen nassen Wischlappen ins Gesicht fetzt. Während du gottergeben zur Spülmaschine schlürfst, um das gröbste Chaos zu beseitigen, rutscht du auf dem frisch beschmierten Butterbrot von Klein Conni aus und wirst dazu ermuntert, mit Groß Freddi doch lieber Vollkornpfannkuchen zu backen, die mögen sie wenigstens.
Au ja, die mag ich auch!!! Ich reiche meinem gelehrigen Schüler die Schüssel mit dem durchgemahlenen Mehl und den Rührbesen. Als ich gerade das erste Ei aufschlagen möchte, gibt mir Tochter Helen den freundlichen Hinweis, das könne Fred selber. Ach so, natürlich. Ich halte das Ei in der flachen Hand, reiche ihm ein stumpfes Messer und zeige mit dem Finger, wo er hinschlagen soll. Da höre ich im Hintergrund Helens scharfe Stimme: „Natürlich muss man ihm schon zeigen, WOHIN er hauen soll!"
„Aber das tue ich doch gerade", nuschle ich beschämt. Fred holt mächtig aus, lässt das Messer mit einem lauten Pfeifton durch die Luft flitzen, UND SCHLÄGT ZU !!
Uiii, GETROFFEN, das Messer steckt in Omas Daumenwurzel fest. „Bloß ein bisschen", tröstet Helen, „das Messer ist ja stumpf!!"

Beim zweiten Anlauf klappt es. Oma sortiert die Eierschalen aus.

Conni will unbedingt auch ein Ei halten. Na dann viel Spaß! Ich vertröste sie auf SPÄTER.

„So, Freddi", doziert Oma mit Lehrerstimme: „Das Wichtigste bei den Pfannkuchen ist die Reihenfolge, erst die Eier, dann die Milch, und FESTE RÜHREN! Dann gibt es keine Klumpen."

Tochter Helen kommentiert: „Bei Oma kannst Du das Kochen lernen! Ich mische immer alles gleichzeitig, aber wie Du meinst! Und die Milch kann Fred SELBER abmessen."

„Ja, ja", knurre ich genervt. „Jetzt RÜHR MAL SCHÖN!"

Fred rührt um sein kleines vierjähriges Leben. Oma dankt Gott, dass sie nicht rühren muss, jetzt, mit der kaputten Hand! Sie zeigt auf jedes versteckte Mehlhäuflein, bis endlich beiden die Geduld ausgeht.

Danach die Milch, ein viertel Liter. Oma zeigt am Messbecher die Höhe an, Fred schüttet, Oma brüllt bei 200 ml vorsichtshalber STOPP, Fred gießt weiter, bis Oma den Becher verzweifelt an ihre Brust reißt. Jetzt wird die Milch eingerührt, Oma findet, es ist zu viel, Helen findet, alles muss rein, sonst ist der Teig ja zu DICK, na bitteschön! Fred rührt ungerührt zwischen den beiden Streithähnen. UND FERTIG!

Oma holt zwei kleine Pfannen, einfetten darf sie selber, zum Glück. Fred gießt den Teig mit dem Schöpflöffel ein. Oma beäugt sorgenvoll die kleinen Klümpchen, Helen kichert etwas hämisch aus dem Hintergrund. „Von wegen keine Klumpen!!!!" Oma schüchtern: „Zu Hause rühre ich ja auch selber!!" Jetzt brüllt Helen vor Lachen. „Ich auch!!! Ich reiß ihm den Schneebesen schon nach zwei Sekunden aus der Hand!" HA HA !!!

Fred wartet ungeduldig, bis der erste Pfannkuchen zu duften beginnt. Dann tobt er vor Wut, weil er warten muss, der blöde Pfannkuchen ist heiß.

Also isst er stattdessen einen Joghurt, Conni ein Osterei. In der Zwischenzeit backt Oma bis zur Erschöpfung die restlichen Pfannkuchen aus.

„Macht nix", sagt Tochter Helen gütig. „Die essen wir halt morgen. Vielleicht."

Zur Belohnung übe ich abends mit Freddis Autos das gekonnte Einparken. Ich lümmle gemütlich auf dem Teppichboden, hoch konzentriert. Fred nimmt seinen größten und schnellsten Flitzer, zieht ihn bis zum Anschlag auf und SCHUSS donnert das Gefährt über den Boden gezielt in Omas Mittelfingerspitze. Pech, jetzt ist die andere Hand auch kaputt. Gut, dass die Pfannkuchen schon fertig sind!

Ehedem hätte ich jetzt „per Hand" geschrieben: Entschuldige die wackelige Schrift! Zum Glück kann ich am Computer mit zwei gesunden Fingern …!!

Deine enkelgeübte Marlene

Bärenkur

Liebe Betti!

Seit einigen Tagen mache ich an der Nordsee eine Bärenkur. Dabei lümmele ich mich gemütlich auf der Couch und lasse mich wohlig in die Arme des hauseigenen Riesenteddys fallen, während die Enkelchen auf den Fernseher starren. Manchmal wird Freddi so eifersüchtig, dass er mir den Bären hinter dem Rücken wegzustehlen versucht. Diesmal schlägt sich Helen eindeutig AUF MEINE SEITE: „Lass das, Fred, die Oma braucht ihn!!!"

Oh, wie mir das gut tut. Mehr an Streicheleinheiten kann ich nicht einheimsen, obwohl ich meiner Tochter fast täglich Rückenmassage anbiete. Aber dann meint sie meist barsch:

„Du fährst ja sowieso wieder".

Zugegeben, ich werde wirklich bald heimfahren, einfach um aufzutanken. Ich habe bereits telefonisch drei Therapiestunden gebucht, um meine Erlebnisse aufzuarbeiten und einen hilfreichen Umgang mit Unglücklichen, Verwöhnten und Verrückten zu erlernen. Du merkst, ich spreche VON MIR !!! Für ein Leben im Norden bin ich einfach noch nicht reif genug.

Die einzig Normale in unserer Familie scheint mir die kleine Conni. Sie ist lieb und sanft zu mir, wie sie es von Oma gelernt hat, sagt HIBBE (=bitte) und wickelt mich damit um den Finger. Wenn sie sehr gnädig mit mir ist, setzt sie sich auf ihr Töpfchen, BEVOR sie sich in ihrem Laufstall die volle Kackwindel vom Leib gerissen hat. Und an besonders guten Tagen macht sie ihr Biesi in den Topf, OHNE ihn hinterher auf den Teppich zu leeren. Hingegen fängt Fred von ihr die eine oder andere Klatsche, wenn er sie angreift oder ihr das Dreirad entwendet.

Mama wird beim Abendessen NACH dem Baden mit einer riesen Joghurtsauerei bestraft. Wenn Helen dann wütend wird, patscht die Knuddel-Conni voll in die weiße Lache, bis der Schlafi (Schlafanzug) und Mamas frisch gewaschene Haare nur so triefen.

Bei ihrer ersten derartigen Attacke hat die süße Maus zuvor noch ihren heiß geliebten Teddy gefüttert. Als ich in der Küche nach dem Rechten kuckte, weil es so sonderbar still war, sah mir der unersetzliche Schlafgefährte kummervoll mit weißer Schnauze entgegen. SO KONNTE ER NICHT MIT INS BETT!!! Ich schäumte und heulte. Helen tobte und warf das schmutzige Miststück (den Teddy) in den Abfall. Conni kam ins Bett, der Verzweiflung nah. Ich wusch den Bären mit Tränen und Seife. Die Kleine schrie im Bett. Derweil rumpelte der Trockner, bis er den frisch gewaschenen Überlebensgefährten um zehn Uhr endlich wieder freiließ.

Augenblicklich trat Ruhe ein, bis auf die stündlichen Unterbrechungen, wo uns Klein Conni träumend etwas hustete!

Ich lag erschöpft im Bett und grübelte, WARUM Conni noch einen Joghurt gegessen hatte, NACHDEM ich bei Helen VORHER ganz ganz zaghaft nachgefragt hatte, wieso die Kinder täglich ca. 15 Mal etwas zu essen bekämen.

Am anderen Morgen wankte ich völlig übermüdet in die Küche. Sollte ich jetzt lachen oder weinen? Fred war nachts noch über den Baumkuchen hergefallen, den die andere Oma SCHON WIEDER geschickt hatte. Freddis Stuhl, der gesamte Küchenboden und der Tisch waren übersät mit den Schokorändern dieses Hasskuchens.

Ich meditierte eine halbe Stunde im Garten, turnte mein gesamtes Morgenprogramm und ÜBERLEGTE. Dann ergriff ich, unser aller Nerven zuliebe, den Küchenbesen, machte sauber

und legte Helen wie von ihr stets gewünscht die großen Schoko-
abschnitte auf ein Tellerlein.

Am Morgen betrat meine Familie wohlgelaunt die Küche. NA
ALSO. Ich seufzte innerlich erleichtert auf. Da sagte Helen: „Und,
Freddi, essen wir zum Frühstück wieder BAUMKUCHEN?"

Ich verabschiedete mich innerlich, nur mein Geist sprach
weiterhin freundlich mit allen Anwesenden. In einer stillen Stunde erklärte ich Fred, wieso die ECHTE Oma Marlene bereits
heimgefahren sei. Er nickte und verstand, zeigte Omas Geist seine Dinosaurier und sprach mit mir, als ob ich ein ECHTER Mensch
wäre.

Drei Tage später machte mir Helen den bitterbösen Vorwurf, ich
hätte die GUTEN BAUMKUCHENSCHOKOSTÜCKE in den Abfall
geworfen (ich schwöre Dir, ich hatte bloß die KLEINEN zusam-
mengekehrt) und sie hätte wegen mir die Schokis wieder aus
dem Müll holen müssen!!!

Ehrlich gesagt, ich grüble, ob ich im Oktober nochmals für
drei Wochen hochfahren werde. Mal sehen, ob es meine Therapeutin wirklich erlaubt. Auf jeden Fall miete ich mir wieder eine
eigene Ferienwohnung, koste es, was es wolle!!!!

Nun doch etwas gestresst
Deine Marlene

Juhu, Papa kommt

Liebe Betti!

Die Kindlein schwächeln, Conni bekommt Fieber. Ich hoffe bloß, dass nicht Omas Aufenthalt daran Schuld hat, die viele frische Luft, das gesunde Essen?

Obwohl Helen und ich fast Tag und Nacht mit intensiver Krankenpflege beschäftigt sind, behalten Groß und Klein gute Laune, bis Mitte der Woche. Ab da bereiten wir uns mit etwas Herzklopfen auf Papas obligatorischen Wochenendbesuch vor. Die Stimmung knistert, es wird gestaubsaugt, geschimpft und geheult.

Am Freitag erscheint Papa. Ab da läuft alles recht harmonisch und sauber. Leo badet die Kinder, erkundigt sich nachhaltig bei mir, ob und wie oft die Wanne diese Woche benützt wurde, und zeigt sich zufrieden.

Dass Conni hoch Fieber hatte, an Angina leidet und bereits drei Nächte durchbrüllt, registriert er mit Kopfnicken.

Er erzählt mit leuchtenden Augen von einem überaus spannend gehaltenen Vortrag über die Notwendigkeit der TÄGLICHEN Ganzkörpersäuberung. Der Redner hieß glaub ich Dr. Professor DuschDas.

Erst Tage später wurde mir klar, dass meinem Schwiegersohn Omas Besuch doch ein wenig gestunken hat, denn er fragte Helen mehrmals telefonisch, WIE OFT und OB ÜBERHAUPT ich schon geduscht hätte. Ich ließ ausrichten, Freitag, Montag und Mittwoch. Das ist die Wahrheit, denn nach Monat und Jahr war ja nicht gefragt worden.

Deine SAUBERE Marlene

Familien-Freuden

Liebe Betti!

Als erfahrene Oma hast Du es richtig vorausgeahnt. Natürlich ist Connis Bruder NICHT gesund geblieben! Das machte die Sache nicht leichter.

Als auch Fred, der Große erkrankt war und mit roten Fieberbacken hustend durchs Zimmer wankte, um seiner gestressten Mutter mitzuteilen, was er alles SOFORT BRAUCHE, heizte ich die gewitterschwangere Stimmung mit lebensklugen Bemerkungen zusätzlich auf. Wieder mal rettete ich mich mit einem kleinen Deichspaziergang.

Die Vorfreude auf die geplante Therapie muntert mich auf und ich behandle mich schon mal selber, einfach so zum Spaß! Mittlerweile habe ich schon mehr Übung und komme in ein kindliches Gleichgewicht, das ich mir von meinen Enkeln abgeschaut habe. Huch, hätte ich es doch schon damals, als ich selber fünf Jahre alt war, gekonnt!

JA, alles ist wunderbar. Ich ruhe in einer inneren Mitte, wie ich es lange Zeit nicht erlebt habe. Helen habe ich schon einige Male ganz offen lachen sehen im Gespräch mit anderen, und sie SPRICHT auch mit mir!!

Freddi ließ gestern meine lange, innige Umarmung zu, als er auf seine Schwester wütend war.

Conni behauptet sich, wenn sie zum Kuchen KETCHUP möchte, kriegt sie aber nicht, die arme Maus, grins!

Ich selbst heile derweil mein Frausein aus, ach, ich hätte Dich so gerne hier dabei!! Aber Du bist mir immer nah, das weißt Du!

Deine nachdenkliche Marlene

Kapitel Fünf: Hinwendung zum Du

Befinden: Wechselnd, manchmal abenteuerlich
Kuschelfaktor: Leider zu niedrig

Auf der Suche nach dem DU gibt es eine Menge Stolperstellen. Da heißt es die Augen offen halten und immer mal wieder schnell in den eigenen Spiegel schauen. Wer einen anderen Menschen erkennen will, sollte sich für den Moment nicht selbst wichtiger nehmen!

Von Marlene kannst Du lernen, wie schnell man „anstößt" und sich zum hundertsten Male selbst begegnet. Egal ob man verzweifelt der eigenen Sehnsucht hinterher rennt oder ob man sich „großmütig" für die anderen aufopfert. Mit dem, wer der andere WIRKLICH ist, hat das wenig zu tun!

Heiße Fakten

Liebste Betti!

Beim Lesen Deiner Mail hab ich noch mehr geschwitzt als gestern im Auto nach meiner ersten Therapiestunde. Tatsache: Ich gönne mir wie geplant eine Therapie, um die Nordseeaufenthalte samt Begleitmusik LIEBEN zu lernen!!

Da ich schon vorher ganz durchgeknallt war, hatte ich versehentlich die Winterhose angezogen. Auf der Heimfahrt vergaß ich auch noch, die Heizung im Auto runter zu schalten. Von draußen knallte die Sonne mit mind. 25 - 50 Grad durch die Scheiben! Da kann sich die Frau Therapeutin schon ihren ersten Erfolg verbuchen: Sie hat mich mit ihren Ratschlägen zum Schwitzen gebracht!

Heute hat Karl Theo "Geburtstag", ich wüsste gern, ob und wie er DIESMAL feiert, er hat es immer so abgelehnt. Ich hab ihm leise gratuliert und mein Schmusekissen in den Arm genommen. Geradezu sehnsüchtig dachte ich dabei an die Bärenkur bei Helen. Dass ich mir, ohne eine Rüge einzufangen, Freds Riesenteddy zum Anlehnen hab ausleihen dürfen, war eines der absoluten Highlights im düster grauen Norden. So langsam vermisse ich das Ganze. Ich frage mich schon heimlich, ob ich wirklich die teure Therapie benötigt hätte. Huch, und schon schwitze ich wieder!!! Jedenfalls bin ich entschlossen, im Oktober noch mal für drei Wochen hochzufahren, FALLS es meine Therapeutin erlaubt. ABER ich bin entschlossen, eine Ferienwohnung zu mieten, koste es, was es wolle!!!!

Ganz schön ins Schwitzen gekommen
Deine Marlene

Hilfreiche Menschen

Liebe Betti!

Ehe ich losfuhr, entdeckte ich im Briefkasten ein Paket. „O je, vom Finanzamt", dachte ich seufzend. „Noch mehr Arbeit!"
Gestresst sauste ich zu meinem Doktortermin. Nachdem mir meine süße nette HNO-Ärztin beide Ohren ausgeräumt hatte, „flitzte" ich auf der Standspur zu meinem süßen, JUNGEN Steuerberater. Wie immer entschädigte der mich tausendfach für alle Mühen. Er spricht den nettesten Dialekt zwischen Schwaben, Bayern und Pöttmes, sodass mir jedes Mal Herz und Ohren hüpfen, wenn er an der Nordsee oben anruft, weil er mich vermisst (!!!), fast so sehr wie Du, wenn wir uns lange nicht umarmt haben.

Dieses Mal waren wir beim vierten Packen, ERBENFINANZ-AMT, angekommen und praktisch fast fertig. Er erklärte mir alles gewohnt geduldig: „Also, Frau G. kriegt den MS Fond, Herr B. die Solar blabla, der Sportverein den Bausparer, Herr Dings, Frau Bums ... ", ich schläferte bereits vor mich hin.

„Den ML Schiffsinvest kriegt .... VERDAMMT ....."
Ich fuhr erschrocken hoch und flüsterte betreten: „Das ist meiner." Da wurde der süße Junge ein wenig rot, sagte entschuldigend: „Ich hab fei ned geflucht!", und nahm meine Hand so sanft, dass ich dahin schmolz. Also ehrlich, in einem anderen Leben ....., und schließlich hat ihn mir Karl Theo ja quasi „vermacht"!!

Umso glücklicher war ich, ihm ein kleines Geschenk überreichen zu können, natürlich keine Bestechung, denn dass ich Unsummen ans Finanzamt blechen muss, hat er mir ja bereits mitgeteilt. Er öffnete vorsichtig mein liebevoll eingewickeltes Päckchen, betrachtete mein Buch und knurrte (dank meines Arztbesuches für mich HÖRBAR!) vor sich hin: „Hunderttausend Euro wär 'n m 'r lieber!!!!" Wir haben zusammen Tränen gelacht. Anschließend auf der Schleichspur .... siehe oben.

Bei meiner Nachbarin zitterte ich vor Erschöpfung und Eile, weil ich heute noch den Koffer packen musste, vorkochen, und das Paket vom Finanzamt öffnen! Als ich mich endlich zur Tür schlich, rief mir Frau Pauline kläglich nach: „Gibst Du mir noch das Kuchenstück, das du mir gestern gebracht hast?" Ich schäumte innerlich. WIESO HATTE SIE ES NICHT SCHON LÄNGST ZUM FRÜHSTÜCK GEGESSEN ??? Mit zitternden Fingern fütterte ich im Schneckentempo das verschluckungsgefährdete bedauernswerte Menschenkind, raste anschließend zum Briefkasten, riss das Paket aus der offenen Klappe, und ES WAR VON DIR !!!!!
Danke, Danke, Danke!!! für den süßen, einfühlsamen Brief und das Büchlein! Ob Du es glaubst oder nicht, es steht seit Wochen auf meiner Wunschliste ganz oben, weil ich im Radio dreimal die Kolumne von Jan Weiler gehört hatte. Du hast es genau getroffen, zumal sich Helen und ich ja auch gerade in der PUBERTÄT befinden!
Wegen diesem unsäglichen Thema war ich jetzt bereits zum zweiten Mal bei meiner geduldigen Therapeutin. Sie hält mich wohl für einen hoffnungslosen Fall, weil sie am Schluss der Sitzung erschöpft vor sich hinmurmelte: „Ich hätte Sie doch nicht für die drei Stunden angenommen, wenn ich gewusst hätte, dass Sie noch gar nie EINE RICHTIGE THERAPIE gemacht haben!!!!" Wenn die wüsste, wie oft ich schon zu diversen Therapeuten gerannt bin. Und jedes Mal hatte ich fest geglaubt: Hurra, ich bin für immer und ewig geheilt!

Wie auch immer, dieses Mal hilft es mir!!!

Das Beste war wohl ihr Satz: „Kinder wollen ihre Eltern nicht schwach sehen". Dabei dachte ich immer, Helen hasst es, dass ich so stark bin und so viel Freude am Leben habe.

Derart gestärkt konnte ich heute Morgen ausgeruht zu meinen geliebten Bergen fahren. Besonders stolz bin ich, es bis zum Ziel ALLEIN im Auto ohne die üblichen Ängste geschafft zu haben!

Deine soeben am Weissensee entspannende Marlene
Ob Frau Therapeutin jetzt zufrieden mit mir ist?

Zum „Verlieben"

Liebe Betti!

Das folgende Mail kann ich Dir einfach nicht vorenthalten. Es kam soeben von meiner Freundin Irene. Anscheinend haben meine eigenen „Männer"-Geschichten sie auf Abwege gebracht, OBWOHL sie ihren Mann hat, noch dazu einen ganz netten, den herzensguten Alfred.

Liebe Marlene!

Ich muss mich bedanken, denn irgendwie bist Du und Dein Telefongespräch verantwortlich dafür, dass ich mich neu verliebt habe und dies ganz, ganz arg. Vor ein paar Tagen bin ich auf einen großen starken Kerl getroffen, ganz anders als mein Alfred, und gehe mit ihm seitdem durch dick und dünn, ja, wir sind schrecklich verliebt ineinander. Ich glaube, dies dürfte eine Liebe für's ganze Leben werden. Ich bin hin und weg, wir kennen uns zwar schon von früher, aber jetzt hat es neu zwischen uns gefunkt. Er ist jünger als Alfred, sogar etwas jünger als ich, was ja schon mal von Vorteil sein kann ... Wir hatten schon heftigsten Hautkontakt und vor ein paar Tagen bin ich schon mal glückselig an seiner starken Schulter eingeschlafen. Wenn Alfred wieder in die Klinik muss, darf er in seinem Bettchen schlafen, aber psst!!!

Im Geheimen träume ich eh davon, dass ER nachts immer zwischen uns liegen dürfte. Aber ich bezweifle sehr, dass Alfred mit einem flotten Dreier einverstanden wäre. Aber noch ist es nicht soweit, denn ER und ich müssen noch etwas an unseren Stellungen "arbeiten". Wie ich bereits erwähnt habe, ist er etwas korpulent und kommt er auf mir zum Liegen und drückt mich in die Kissen, bleibt mir doch mitunter etwas die Luft weg, so kraft-

voll ist er und ich, seufz, so schwach, zu schwach, um mich zu wehren.

Sein Name: Heuneck. Etwas ungewöhnlich - na, er auch. Er ist etwas behaarter als Alfred (na ja, etwas sehr viel mehr - fühlt sich aber ganz toll an, wenn man ihn streichelt), ist wesentlich kräftiger als Alfred (na ja Alfred ist auch nicht gerade schlank), wir verstehen uns ohne Worte (na, Alfred ist auch sehr schweigsam), hat wunderschöne braune Augen und, was ganz wichtig ist, ich kann ihm alles anvertrauen - na bei Alfred muss man da schon vorsichtiger sein ... Du weißt ja, die Geheimnisse könnten sonst wo landen. Meine neue Liebe ist nicht besonders groß, macht nichts, ich bin auch kein Riese, hat etwas große Ohren, aber trotzdem ein hübsches Gesicht.

Ach, ich liebe ihn, ich liebe ihn!!! Meinen fast 1 m großen und sooo dicken Bären, welcher gaaanz traurig und verlassen im Elternhaus saß und darauf wartete, dass ich ihn endlich mit zu mir nehme.

DU hast mich darauf gebracht, danke, danke, danke. Ja, man kann sich an seinem dicken Bauch anlehnen, sich sozusagen in ihn reinsetzen und man fühlt sich wunderbar geborgen. Im Oktober werde ich ihn wirklich auf Alfreds Bettseite legen, wenn er in der Klinik ist, und er wird mich ganz toll beschützen vor all dem Bösen da draußen und drinnen. Uff, ausgesponnen, aber wie konnte ich jemals mit dem Gedanken spielen, ihn wegzugeben. Das hätte ich irgendwann bitterlichst bereut.

Ganz herzlich Deine Irene

Wie Du siehst, liebe Betti, habe ich an Irene lediglich die Hilfestellung weitergegeben, die Du mir vor Jahren zukommen ließest, als ich getrennt von meinem Karl Theo allein zuhause vor mich hin trauerte. Die langen einsamen Nächte, als er nach der

Herz-OP im Krankenhaus und dann in der Kur verbringen musste, kuschelte ich mich an den süßen, weichen Delfin, den Du mir geschickt hattest. Der liegt übrigens schon ein ganzes Jahr lang wieder neben mir und spendet mir Trost! Echt zum Verlieben!

Somit gilt Irenes Dank eigentlich Dir, der meine sowieso!

Deine „verliebte" Marlene

Sei gut zu Dir

Liebe Betti!

Am liebsten würde ich sofort losdüsen, um Dir was GUTES zu tun, geht leider nicht. Falls Du am Donnerstag noch immer schwächelst, könnte ich nachmittags.

Aber mach es doch mal selbst für Dich (diese Idee kam mir am Samstag mitten in einem Selbstheilungskurs): nämlich mit Selbstliebe!

Leg die Hand ganz liebevoll auf die schmerzenden Stellen, dann streicheln, als wenn Du Deinen Allerliebsten, in den Du ganz dolle verliebt bist, streicheln würdest.

Flüstere Dir liebe sanfte Worte, sing Dir Dein liebstes Kinder-Schlaflied und werde wieder ganz heil! Ich bin so sicher, dass es funktioniert. Probier auch noch, Dich von den Liebes-Engeln Haniel und Raphael mit grünen und rosa Kuscheldecken einhüllen zu lassen!

Betti, ich werde in Gedanken bei Dir sein!
Deine ganz viel Liebe schickende Marlene

Vergebung in der Praxis

Liebe Betti!

Bei mir ist zurzeit gar nicht mal die Selbstliebe so wichtig, sondern mehr das Thema Vergebung. Wobei das im weitesten Sinne natürlich auch mit Selbstliebe zu tun hat. „Liebe Deine Feinde wie Dich selbst ....."

Du weißt ja, wie ich mich anfangs geärgert habe, dass mein junger Helfer die Fichte so gnadenlos rasiert hat.

Jetzt hat er mir schnodderig mitgeteilt, meine geliebten Fichtenzweige hätten angeblich beim Rasenmähen "gestört", und jetzt sollten am besten noch der Gartentisch und die Stühle weg, das macht alles bloß Arbeit!!

Tja, so denken junge MÄNNER !

Manchmal habe ich das Gefühl, ich stehe dem großen Jungen selber am meisten im Weg! Als ich ihm heute hartherzig mitteilte, eine elektrische Sense zu kaufen sei einfach „nicht drin", zumal ich schwaches Weib sie nicht mal allein in die Höhe heben könnte (!!), war er echt sauer.

Da bin ich mal gespannt, wie lange er mir noch zur Hand gehen wird. Die aufmunternden Belohnungen von Karl Theo fehlen ihm sichtlich!

Jetzt werde ich erst mal in mich gehen und ihm vergeben, dass er mich so aus dem Gleichgewicht gebracht hat.

HA, jetzt werde ich erst mal IN MICH gehen und MIR vergeben! Denn ich selber habe mich aus dem Gleichgewicht gebracht, weil ich dies alles gedacht und geschrieben habe.

Deine hoffentlich bald geläuterte Marlene

Frau sein

Liebe Betti!

Danke für das wunderhübsche Foto. Wir ZWEI wie echte Schwestern, sooo nett!

Dein letztes Mail hat mich sehr berührt. Ja, die Antwort darauf, was eine richtige Frau ausmacht, wüsste ich auch gerne, und das Thema Weiblichkeit begegnet mir andauernd. Eine liebe Bekannte erzählte mir von sich aus, dass immer mehr die weibliche Energie am Tragen ist, statt der bisher "männischen".
Das könnte bedeuten: WARTEN, NEHMEN, statt so viel nach außen tun. Ehrlich gesagt meine ich auch noch oft, ich sollte mehr nach außen geben, aktiv sein, kucken, wo ich gebraucht werde, ehe noch jemand überhaupt danach fragt. Und wenn mich keiner braucht, bin ich so verwirrt, dass ich mich vor die Fernsehkiste hocke. Aber innerlich bin ich unruhig, ich kann genau verstehen, was Du meinst.
Übrigens kam in letzter Zeit diese Frage auch oft von den Männern. In größeren Gemeinschaften müsste es gehen, dass wir unabhängig vom Geld so leben, wie es einem jeden von uns GUT tut. Die Aufgaben kämen dann von selbst. Und damit wir endlich die Kurve kriegen, stillzuhalten, kommt es eben noch mal dicke. Frau sein ist offensichtlich nichts für die Einsiedelei!

Tu mal diese Woche nur, was Du wirklich magst!,
rät Dir FRAU Marlene

In der Trauer begleitet

Liebe Betti!

Von Herzen Dank für Dein bewegendes Mail! Ja, ich glaube, bzw. ich weiß jetzt erst, dass man die Gefühle, besonders die Trauer anderer Menschen erst richtig begreifen kann, wenn man es selbst erlebt und erlitten hat.

Als Du Sigberts viele Tabletten erwähntest, musste ich fast heulen, weil ich an die Zeit mit Karl Theo zurückdenke. Ich hoffe so sehr, dass sich alles bei euch noch mal zum Guten wendet.

Bestimmt ist es für Dich jetzt, wo Du zum zweiten Mal so sehr um einen geliebten Mann bangen musst, unvorstellbar schwierig.

Die ganzen Jahre habe ich und wahrscheinlich auch eine Menge anderer Menschen nicht mal annähernd nachvollziehen können, was Du damals, als Du Deinen ersten Mann verloren hast, erleiden musstest und tief drinnen immer noch spürst. Ich selber habe bisher bei keinem meiner Toten so wirklich von Herzen getrauert, ich empfand einfach kaum was. Wie hätte ich ahnen können, wie weh es tatsächlich tut, wenn man den "Richtigen" verliert, an den man sich zutiefst gebunden hat. Komisch, dass ich es bei meinen Eltern nicht so fühlte, nicht einmal bei meiner großen Schwester. Vielleicht hat mir Karl Theo vieles ersetzt, was ich als Kind gern gehabt hätte. Ich sagte ja auch oft zu ihm: „Ich bin Dein Kindimausi", und genau so fühlte ich mich bei ihm, ohne mich deswegen zu schämen oder erniedrigt zu fühlen. Schon blöd, wenn man dann auf einmal erwachsen und eben auch alleine dasteht.

Zwischen Dir und John war es eine ebenbürtige Beziehung. Da muss der Verlust noch weitaus schlimmer gewesen sein.

Tut mir leid, dass ich Dir in dieser Angelegenheit nie die Freundin sein konnte, die ich im Nachhinein gern gewesen wäre. Ich war oft erleichtert und dankbar, dass es damals Norman in Deinem Leben gab. Ich glaube, er hat wirklich mit Dir GEFÜHLT, und das war gut so!

Die Stütze, die Du mir in den letzten Monaten gegeben hast, ist für mich mehr als Freundschaft. Ich wusste einfach tief drinnen immer, Du bist für mich da, DANKE!!

Was die Grabpflege betrifft, stimmen wir voll überein. Du hast recht, bunte Gräber sehen wundervoll aus, auch die brennenden Kerzen. Alles wirkt so fröhlich und das finde ich genau richtig. Traurig sind wir doch selber genug!

Betti, ich wünsche Dir und Sigbert die große Freude des gemeinsamen Weges durch diese Zeit. Ihr seid euch so nahe, so vertraut, Du wirst niemals mehr oder weniger haben als das, was Du JETZT gerade spürst. Nimm es in Dankbarkeit, wenn Du kannst!

Erstmals erlebe ich, dass ich mich für mein eigenes Glück nicht schäme. Ich danke Dir fürs Zuhören.

Deine das Trauern noch lernende Marlene

In guten und in schlechten Zeiten

Liebe Betti!

Ja, ich denke wirklich oft an euch und an den schweren Gesundwerdejob, den ihr beide miteinander Tag für Tag zu bewältigen habt. Mir half und hilft besonders das Beten, um nicht in eine Ohnmachts- und Hilflosigkeitsschiene abzurutschen, wenn ich mich manchmal so ratlos fühle.

Meine Nachbarin lag die vergangene Woche im Sterben und bat mich pausenlos mit schwacher Stimme, ihr die Namen der Engel aufzusagen: Methatron für die Wünsche, Haniel für die Liebe, Uriel für den Körper und die Freude.

Am ersten Tag, als es ihr etwas besser ging, war sie entsetzlich zornig und wollte UNBEDINGT aufstehen (sie liegt bereits seit zwölf Jahren!!), beschwerte sich sogar, dass ihr die Engel sowieso nicht helfen. Aber siehe da, gestern schwitzte sie nicht mehr, war ruhig und gelassen und schleckte mir ihre Bachblüten genüsslich aus der hohlen Hand. Allein dass ihr Sohn mir genehmigt hat, die Tropfen für sie zu mischen, ist das größte WUNDER, denn vor fünf Jahren drohte er mir noch an, mich deswegen FÜR IMMER aus dem Haus zu werfen.

So hoffe und bete ich, dass für Sigbert und Deine Enkelkinder der Weg so leicht und unbeschwerlich wie nur möglich sein möge, und dass DU bei Kräften bleibst, denn es klingt wirklich anstrengend, was Du Tag für Tag leistest.

Deine mit euch verbundene Marlene

Kraft schöpfen

Liebe Betti!

Als ich Dein Mail gelesen habe, musste ich erst mal mitheulen. Ja, ich kann mir sehr genau vorstellen, wie es Dir und euch beiden zurzeit geht. Manchmal ist es ein echtes Wunder, wo die Kraft herkommt, alles zu bewältigen. Ich habe Dich immer schon als sehr stark empfunden. Allein all das, was Du mit Deinen Enkeln zu bewältigen hattest!

Leider hilft wirklich nur Beten, aber immerhin, es hilft.

Ich hoffe sehr, es gibt genügend Quellen für Dich, an denen Du auftanken kannst!

Da es mir inzwischen wieder gut geht, habe ich schon vieles vergessen. Jede/r darf wohl seine eigenen Methoden finden, wenn sie gerade passen.

Mir fällt ein, wie sehr ich während der Zeit, als ich Karl Theo begleiten durfte, die frühe Morgenstunde genoss, als ich ganz für mich allein draußen in der Natur herumstromerte. Und wie sehr ich die körperlichen Zuwendungen unserer Pflegekräfte brauchte. Ich könnte heute noch heulen, wie ich wochenlang von dem Pflaster zehrte, das mir unser strammer Pfleger auf den Zeigefinger geklebt hat. So gesehen lebe ich heute geradezu wie im Paradies.

Deine so sehr mit Dir mitfühlende Marlene

Bangen und hoffen

Liebe Betti!

Tausend Dank für Dein Mail und die viele Zeit, die Du Dir für mich genommen hast!

Manches klingt für mich sehr beunruhigend. Hingegen musste ich echt schmunzeln, als ich heimlich eure auf dem Krankenbett Karussell fahrenden Enkelkinder beobachten durfte.

Ich kann mir gut vorstellen, wie es Dir zurzeit geht. Irgendwie ist die ganze Krankenbegleitung ein ununterbrochener Abschied. Aber das auszuhalten, tut noch mehr weh, als ständig zu hoffen. Mir ging es bei Karl Theo erst in dem Moment wieder gut, als ich innerlich begann, einfach loszulassen. Ich war damals zwar noch bereit für ein WUNDER, aber ich erwartete es nicht mehr wirklich.

Besonders leid tut es mir, dass ihr von Sigberts Kindern so wenig Unterstützung erhalten könnt. Es ist schwer auszuhalten und vor allem zu verstehen, wie sich gerade die eigentlich Mitbetroffenen aus dem Schmerz und den Ängsten ihrer Liebsten herauszuhalten versuchen. Vielleicht ist es ein Zeichen ihrer eigenen Hilflosigkeit. Umso schöner, wie Deine eigene Familie Dich/Euch so liebevoll begleitet.

Ich werde weiter für einen GUTEN Ausgang beten, wie dies auch aussehen mag, vor allem um die nötige Kraft, und um die Gelassenheit, dass noch ein klein wenig Freude in euch sein kann, um die Schwere aufzuheben.

Deine weiter mit euch hoffende Marlene

Unbekanntes Terrain

Liebe Betti!

Von Herzen Dank für Deine offenen, bewegenden Mails und das Vertrauen, mir solche Erinnerungen mitzuteilen. Ja, ich kann vieles gut nachfühlen.

Danke, dass Du mir trotz Deiner schweren Lage so warmherzig und ehrlich mein jetzt wieder beruhigteres Leben zugestehen kannst!

Weil das Wetter gestern so schön war, beschloss ich den Auwaldsee aufzusuchen, wo ich früher immer mit Karl Theo beim Bootfahren war, sehr wehmütige Erinnerungen.

Ich entschied mich, endlich mal was "Neues" zu machen und hab den See allein umrundet, natürlich bloß zu Fuß!

Als mir ein hochgewachsener Mann (passendes Alter, nämlich ALT) auf zwei Stöcken entgegenkam, och nee, MIT zwei Stöcken, und er sogar noch grüßte, war ich regelrecht angetan. Als er den See bereits zum zweiten Mal umrundete, SPRACH ER zu mir: „Jetzt ist es ja gleich geschafft".

Uiii, bei soviel Zuwendung konnte ich meinen geliebten Karl Theo für eine Millisekunde vergessen. Nach zwei Minuten am Parkplatz angekommen, setzte ich mich noch kurz aufs Bänkle, und als ich zum Auto ging, sah ich IHN wieder. Er musste vorzeitig umgedreht sein und joggte soeben auf mich zu. Ich zögerte kurz, erinnerte mich dann an meine unter dem Stirnband verborgenen unfrisierten Haare, riss die Wagentür auf und fuhr schnell davon.

Für einen so alten Mann wären drei Seerunden eindeutig zu viel gewesen, und alles andere auch!

Deine noch etwas kurzatmige Marlene

Helle Zeiten

Liebe Betti!

Tausend Dank für Dein langes Mail, das ich geradezu verschlungen habe. Ich fiebere mit Dir mit, drücke die Daumen, bete und hoffe. Tauschen möchte ich mit euch nicht, wo so viel in so kurzer Zeit auf Dich einstürzt. Aber dass Sigbert sich schon aufs Joggen freut, stimmt mich zuversichtlich.

Danke auch für die guten Nachrichten! Ich begleite Dich in Gedanken auf die Hochzeiten und sehe Dich schon Blumen streuend vor den Brautpaaren herhüpfen. Stimmt es nicht ein bisschen wehmütig, wenn der Kinderfreund heiratet?

Obwohl "heiraten" jetzt das Einzige ist, was ich nicht vermisst habe und was mich nicht zum Heulen bringt. Wahrscheinlich mag ich eben keinen Trubel. Heute Nacht hab ich zwei Stunden darüber sinniert, wie ich die Beerdigung mit den vielen Leuten durchgestanden habe und ob ich hinterher beim Essen tatsächlich dabei war. Unglaublich, ich hab von den Trauerfeierlichkeiten beinahe alles vergessen!

Die Tage sind mittlerweile so lang und hell, dass ich fast ZU VIEL Zeit habe. Ich gehe viel spazieren, laufe nicht den Männern nach, oder davon, wie war das nun echt?? Ich wusste, Du würdest mich verstehen!

Aber am liebsten putze ich meine Fenster, eine sehr sinn- und sinnenvolle Beschäftigung mit erhellendem Ergebnis!!

So Schätzle, ich wünsch Dir jede Menge Spaß, genieße die Feste und die freie Zeit fernab jeder nervigen Betätigung!

Ich denke an Dich und feiere heimlich mit!
Deine auf immer unverheiratete Marlene

Schlafstörungen

Liebe Betti!

Bei mir gehen die Tage so einigermaßen, nur das nächtliche Wachliegen macht mir zu schaffen. Jedes Mal vertröste ich mich auf den Mittagsschlaf, und fast täglich gelingt es dem rasenmähwütigen Nachbarsjungen, oder dem Postboten, oder einer Schnake, oder meinem schwer juckenden Zeckenbiss, was auch immer, mich aufzuschrecken. Egal, dann tröste ich mich mit dem bevorstehenden Nachtschlaf, siehe oben. Drum graust es mich ein bisschen, wenn ich die nächsten Tage nicht im gewohnten Bett und mit dem RICHTIGEN Kopfkissen schlafen darf. Helen hat mir telefonisch geraten, einfach ein STILL-Kissen zu kaufen!!!
Heute fahr ich noch nach Nürnberg, um meine alte Lehrerfreundin zu treffen, die es "enkelmäßig" hierhin verschlagen hat. Also wieder mal kein Schläfchen! Ich hoffe, Susan hält mich beim Spazierengehen wach!
Wir planen sogar einen Aufenthalt am Weissensee. Susan will nämlich doch lieber ohne ihren Mann dorthin fahren und an dessen Stelle darf also ich die nächsten Tage ihr Alleinunterhalter sein. Ich freu mich drauf, ehrlich! Dann werde ich wohl Füssen, Pfronten und Hopfen endlich näher kennenlernen, weil Susan im Gegensatz zu mir eher kulturell interessiert ist, uiii. Das wäre doch eine nette Aufgabe für Dich und Sigbert!
Mit Karl Theo bin ich bloß immer durch die Landschaft gestiefelt und hab mittags MINDESTENS zwei Stunden pennen dürfen. Aber die zweite Woche werde ich ja allein oben verbringen und kann tun, was ich will, also schnarchi schnarchi, und keinen stört es!
Deine etwas unausgeschlafene Marlene

Liebe Betti!

Stell Dir vor, ich bin gestern Abend tatsächlich durchge-schwitzt zuhause angekommen!! Ich hätte der Sonne nicht zuge-traut, dass sie so feste scheint!

Die Tage mit meiner "Lehrer"-Freundin haben mich auch schön zum Schwitzen gebracht. Jetzt wo sie keine Schüler mehr hat, bin ich das hochwillkommene Opfer für ihre Verbesserungs-vorschläge. Leider bin ich zwar lernwillig, aber nicht mehr "lern-fähig"!!!

Sie findet meine Haare GRAU-sam! Ich aber vertrage kein Haarfärben (und liebe meine grauen Zotteln!!). Sie findet die von unserem Tauschbörsenschneider geflickte Jeans absolut unmög-lich (zugegeben, der arme Mann hat sich die rechte Hand gebro-chen und tut sich schwer mit dem Nähen, außerdem ist er ein wenig farbenblind und hat bei brauner Hose zum roten Faden gegriffen), aber das Endergebnis ist sooo bequem!!!

Sie mag keine eingelaufenen Bär-Bequem-Schuhe für sündi-ge 120 € und empfiehlt ihrer unwilligen, unbelehrbaren Freundin für's halbe Geld flotte Turnschuhe, zu flach, zu eng und es würde ihr echt "stinken", wenn ich sie länger als zwei Minuten anhabe.

Das Schlimmste, ich erinnere sie an ihre Mutter, die immer was zu jammern hatte. Im Vertrauen gesagt, ich hätte zu gerne in dieser Woche auch gejammert, weil Beine, Rücken, Nacken, Kopf und Zehen revoltierten, aber ich traute mich nicht. Lieber verzichtete ich auf meinen Mittagsschlaf und latschte von mor-gens halb neun bis abends halb sieben treppauf, bergab, Mu-seum rein, Kirche raus. Füssen hat viel mehr zu bieten, als ich dachte, wenn man alles in wenigen Tagen absolvieren muss!

Zum Glück gab es ein tolles Mittagsbüffet, wo wir ganze 90 Minuten verweilten. Ich konnte mich zwischendurch hinsetzen, reagierte zum Schluss auf ein riesiges Stück Käsetorte PLUS Sahne vom Nachspeisenbüffet leicht allergisch und begann mich vor Lachen zu krümmen. Ich wankte zum Klo und begegnete einem alten Mann (zehn Jahre über der passenden Altersklasse!!), aber trotzdem! Als er in den oberen Räumen, nachdem er seine Kabine verlassen hatte, herumirrte, obwohl die Treppe nach unten unübersehbar war, musste ich so lachen, dass nicht nur das Haus zitterte. Dann krümmte ich mich auf dem Klo, lachte im Auto eine halbe Stunde weiter und fuhr auf dem Radweg (!!!) Schlangenlinien. Erst eine dreistündige Wanderung auf die zwei Ruinen bei Eisenberg ließ mich wieder nüchtern werden.

So richtig ernüchtert war ich dann gestern Morgen, als ich die liebe Freundin zum Zug brachte. Ich fühlte mich auf einmal so einsam!!

Aber schließlich hab ich ja noch DICH. Und mal ehrlich, Du würdest mir doch auch die WAHRHEIT sagen, wenn was nicht passt?!

Jetzt habe ich für die nächsten drei Tage wie üblich Finanzpost und zehn ausständige Telefonate zu erledigen.

Dann geht´s an die Nordsee. Da wartet Helen auf mich, wollte die nicht auch ursprünglich Lehrerin werden?!

Welch ein Glück, dass wenigstens DU einem eher pflegerischen Beruf entstammst, so zum Ausgleich!

Ich wünsch Dir eine frohe Zeit in den kommenden heißen Tagen und ein schönes Pfingstfest!

Einen gepflegten (!) Gruß von Deiner Marlene

Ich weiß nicht was soll das bedeuten

Liebe Betti!

Diesmal ist es an der Nordsee FAST unkompliziert. Meine Tochter leiht mir ihre kostbare Conni ohne allzu langwierige Debatten zu den täglichen Spazierfahrten aus und ich erkunde mit der Kleinen die nähere Umgebung.

Gestern fuhr ich singend mit ihr in Richtung Feriendorf. Da gab es jede Menge für mich zu sehen, Wohnungen zu vermieten, ja ganze Häuslein zu kaufen. Ich fühlte mich wie befreit. Hier könnte ich leben, ohne zu stören und wäre doch nahe bei einer, MEINER Familie. Helen würde sicher schnell merken, dass sie mich braucht, die Enkel würden mich lieben und meinem Schwiegersohn wäre ich nicht lästig.

Gestern hatte ich ein seltsames Erlebnis. Während ich sehnsüchtig die hübschen Gärten betrachtete, ließ ich meine Gedanken spielen. Ein Grundstück war besonders gut zugewachsen und könnte sich für mein Medizinrad eignen. Versonnen blickte ich durch das Tannen - und Efeudickicht. Bei den Liedern war soeben „Hab mein Wage voll gelade, voll mit kleinen Connis" dran. Mein gut behütetes „Rotkäppchen" schlug verschlafen die Äuglein auf. In diesem Moment bog ein netter älterer Herr um die Ecke und begutachtete uns neugierig. Da fuhr Conni die Patschhand aus, spießte den Zeigefinger in seine Richtung und krähte laut: „OPA!" Der Angesprochene zuckte bloß kurz zusammen, grinste ein bisschen und entschwand in meinem Traumgarten.

Opa – na, wenn das mal kein Omen ist!

Deine grübelnde Marlene

Wer bin ich

Liebe Betti!

Ne, der „Opa" sieht Karl-Theo kein bisschen ähnlich, auch nicht dem groß aufgeschossenen Schwiegeropa. Könnte aber sein, dass er Connis Bilderbuch-Opa ähnelt, weiße Haare, Flauschebart, einfach ein NETTER.

Obwohl ich mit Conni unter dem Vorwand, wir gingen auf den Feriendorf-Spielplatz, noch mehrmals singend und klingend vorbei geschoben kam, konnte ich den freundlichen Menschen nie mehr sichten.

Jetzt habe ich beschlossen, einfach ein guter Mensch zu werden und mein Leben den anderen zu widmen, ganz uneigennützig, versteht sich! Schließlich müssen die teuren Therapiestunden endlich fruchten!

Deine besinnliche Marlene

Nomen est Omen

Liebe Betti!

Anscheinend hat mir der Himmel die Lösung für all meine Probleme geschickt. Als ich heute Morgen – ALLEINE – durchs Feriendorf spazierte, entdeckte ich ganz hinten zwischen Moor und Bachlauf ein neues Verkaufsschild. Das Haus schien mir genau passend. Direkt am Graben gelegen bietet sich eine ruhige Stelle für mein Medizinrad an. Na gut, man müsste noch genügend Sichtschutz anpflanzen, das könnte dauern. Es hätten sogar jede Menge Feriengäste Platz, sogar Du mit sämtlichen Enkelkindern! Oder Peter mit den Jungs, Jana, Laura und Achim …

Ach, das Leben ist schön!!! Der Kaufpreis wäre nicht nur erschwinglich, sondern ein fast verdächtig gutes Schnäppchen.

Zugegeben, die Mauern hängen recht schräg im moorigen Untergrund. Ob das meinem Gleichgewicht auf Dauer schaden könnte?

Um mir die Stelle besser zu merken, rannte ich zurück zum Straßenschild. Du glaubst es nicht: Es ist der Bekassinenweg!

Ich schwebte im siebten Himmel. Das war endlich das Zeichen, auf das ich solange gewartet habe. Als Bekassinen wurden, wie ich mich erinnerte, im Mittelalter alleinstehende, gottesfürchtige Frauen bezeichnet, die praktisch wie Nonnen lebten, aber ohne Tracht. Genau das Richtige für mich: Marlene, die „heilige" Bekassine!

Ich rannte, so schnell ich konnte, heim an den Computer und forschte im Internet nach, um mehr über diese besonderen Frauen zu erfahren.

Zunächst kamen erst mal 30 Seiten über schnepfenartige Vögel. Aha, die nannte man also auch Bekassinen. Weiter fand ich NICHTS. Ich war wie vom Donner gerührt.

Als ich eine weitere halbe Stunde suchte: Stichwort Nonnen, Mittelalter, Be … Be … Be … fand ich endlich, wie sie richtig heißen: die heiligen BEGINEN!

Na, das war wohl nix! Das Haus kam mir doch gleich so verdächtig schief vor!

Deine nur „schein"-heilige Marlene

Unheilige Schnepfen

Liebe Betti!

Du hast recht, ein Heiligenschein würde mir sowieso nicht stehen! Nachdem ich meine Kaufpläne ad Acta gelegt habe, machte ich mich auf die Pirsch nach günstigen Mietangeboten. Jedes Mal, wenn ich zu den Öffnungszeiten vorbei schaue, hat die Rezeption des Feriendorfes geschlossen. Ich bin schon ganz genervt. Was werden Helen und Leo sagen, wenn ich nichts finde?! Schließlich hab ich ihnen bereits trotzig in die Hand versprochen, dass ich mich abnabeln werde.

Am vorletzten Tag sehe ich oben am Deich den ominösen Opa stehen, als ich gerade Richtung Feriendorf tigere. Ich gehe seelenruhig (HAHA!) unten die Straße entlang, da scheint es mir, er renne den schrägen Abgang hinunter und eile mir hinterher. Sicher bloß Einbildung!, denke ich mit klopfendem Herzen und drehe mich nicht um. Dann entscheide ich mich für ein „Gottesurteil". Ich werde ganz harmlos wieder mal zur Rezeption gehen. Wenn sie OFFEN hat, buche ich endlich eine Ferienwohnung für den nächsten Aufenthalt. Falls aber nicht – werde ich umkehren, zurück laufen und – tja dann – MUSS ICH DEN OPA UM RAT FRAGEN.

Bum Bum Bum macht mein kleines Herz. Dem Himmel sei Dank, das Büro ist wieder mal zu! Also MUSS ich jetzt umdrehen. Da kommt er schon angeeilt, der Liebe, Nette, Freundliche. Ich nehme allen Mut zusammen und schildere ihm mein Dilemma. „Kein Problem", meint er lächelnd. ER vermiete sowieso manchmal für seine Bekannten. Ich könne mit in sein Haus kommen, da erledigen wir das.

Mein Herz klopft bis zum Anschlag. Immerhin sieht er nicht aus wie ein Serientäter. Wir laufen den mir bereits bekannten Weg entlang, durchqueren den Zaubergarten, betreten ein sauber gefegtes Hexenhäuslein und er öffnet einen Computer mit zwei riesigen Seitenfenstern. Tatsächlich, eine Fülle von Adressen, seine leider, leider nicht dabei! Er kritzelt eifrig Telefonnummern auf den Block, nennt Preise, bei denen mir schwindlig wird, und empfiehlt mir die zwei teuersten Wohnungen. Ich nicke ergeben, bin aber insgeheim doch etwas enttäuscht. Hätte ich mir mehr erwartet?

Immerhin gesteht er mir beim Abschiedsgruß grinsend, er habe mich bei der ersten Begegnung für eine der russischen Babuschkas gehalten, die hier im Dorf die kleinen Kinder ausfahren, und schon überlegt, ob er mir 20 Euro schenken solle. Na, das Geld kann er sich jetzt sparen, wo ich solche Tagespreise akzeptiert habe, ohne mit der Wimper zu zucken (denkt er!). Mal ehrlich, Betti, vielleicht finde ich doch noch etwas Billigeres! Oder meine Therapeutin rät mir ganz ab, noch mal hier ins raue Umfeld zu fahren, um mich und die Familie zu quälen!

Ganz geheilt bin ich trotz allem nicht. Als ich aus dem zauberhaften Garten entlassen wurde, sprang mir das Straßenschild in die Augen: SCHNEPFENWEG !!! Oh Himmel, was soll denn das nun bedeuten? Sehr ominös!!!! Erst die Bekassinen, jetzt die Schnepfen. Da frage ich mich schon: Ente gut —alles gut?

Deine auf's Leben wieder neugierige Marlene

Kapitel Sechs: Wir zwei

Befinden: Wie auf der Achterbahn, OBEN ganz super
Kuschelfaktor: Sehr hoch und sehr gefährdet

Womit wir endlich bei dem gelandet wären, was man landläufig „Beziehung" nennt. Das partnerschaftliche Miteinander erweist sich als die schönste, zuweilen aber auch schwierigste Form des menschlichen Zusammenlebens. Höhen und Tiefen sind hier täglich, zuweilen sogar stündlich inbegriffen!

Wie Du von Marlene sehr schnell erfahren wirst, reduzieren sich die Highlights des Verliebtseins erschreckend rasch, wenn es um „ECHTE" Arbeit geht! Dafür gibt es als Belohnung jede Menge Streicheleinheiten, nicht zu vergessen die persönliche Weiterentwicklung. Zweisamkeit ist Therapie pur!

Abfahrt

Liebe Betti!

Vielen Dank für Deinen Anruf! Schade, dass ich nicht da war, aber es tat gut, Deine Stimme zu hören. Ich wollte abends nicht mehr stören.

Weil ich am Samstag schon wieder nach Norden reisen werde, noch schnell (!!!) ein Lebenszeichen von meinem Computer aus. Wie Du ja weißt, war ich bis gestern noch ganz im Süden! Am Weissensee hat mein teurer (och nee, mein TREUER) Internet-Stick zu knistern angefangen, da wurde mir das Schreiben dann doch zu HEISS!!!

Die Therapiestunden haben mir soweit geholfen, dass ich dieses Mal recht befreit und zuversichtlich zu Helen hochfahren kann. Sie selbst schien am Telefon sehr entspannt und hat die Naturschauspiele (ZEHN Silberreiher) an der Nordsee gepriesen. So gut gelaunt hat sie sich lange nicht mehr angehört! Ich bin so erleichtert, dass ich mich auf meine kleinen brüllenden Raudis richtiggehend freue.

Außerdem bin ich natürlich gespannt wie ein Flitzebogen, ob ich den OPA vom letzten Aufenthalt sichten werde. Bloß werde ich ihm dann gestehen müssen, dass ich auf eigene Faust BILLIG gebucht habe.

Trotz aller Vorfreude tut es mir jetzt schon weh, so weit weg zu sein (von Dir!!!) und ich fühle mich selber ein wenig wie ein Zugvogel. Mit dem Herzen bin ich immer bei Dir! Manchmal wünschte ich mir, wieder mal richtig sesshaft zu sein!

Deine sich losreißende Marlene

Sondierung der Lage

Liebe Betti!

JAAA, ich denk auch viel an Dich!! Ich bin froh, zu hören, dass es Euch GUT geht! Mir auch, ich lerne hier viel zum Thema bedingungslose Liebe, genau, wie ich es in der Therapie geübt habe. Das ist unglaublich spannend!
Die Hauptakteure auf der derzeitigen Bühne meines Lebens:
-Fred, diesmal mein Knuddelmonster
-Klein Conni, mir fröhlich zugrinsend, solange sie Mamas Rockzipfel in der Hand halten darf
-Tochter Helen noch schwankend, aber zunehmend stärker
-UND natürlich Herr Sssssss ……., ein wissenschaftlich Suchender, der beschlossen hat, 125 Jahre alt zu werden! Als er mir so ganz nebenbei erzählte, er sei schon 90, fiel mir das Verliebtsein ein bisschen schwerer, aber nicht ganz, grins!! Was soll's, er sieht noch ganz schön fit aus. Außerdem suche ich einen Gesprächspartner und keinen Mann fürs Leben.
-Last not least Marlene, die Vogelforscherin, die bisher nur lauter "schräge" Vögel sichten konnte.

Meine eigene Wohnung ist der absolute Renner, ich marschiere hin und her, begegne Herrn S. (MANCHMAL) und bleibe auf diese Weise fit, sogar wenn es so wie heute schüttet!
Jetzt renne ich los, mit so eben gekochten Vollkornspätzle bepackt, bin gespannt, wer sie essen wird.
Alles Liebe, ich umarme Dich

Deine Marlene

Liebe Betti!

Danke für Deine Nachfragen! Nee, das ist gar nicht neugierig von Dir, sondern so richtig schwesterlich!!!

Also, der „Opa" heißt, wie ich mittlerweile weiß, Wolfram.

Er ist – halt Dich fest - seit vielen Jahren auf der Suche nach der denkbar möglichst EINFACHEN Heilmethode. Für mein Empfinden hat er sie bereits gefunden, sozusagen "wissenschaftlich" nachweisbar, und trotzdem untrennbar mit dem Geistigen verbunden. Als ich das erfuhr, war ich total perplex. Gibt es tatsächlich solche Zufälle?

Als er hörte, dass ich mit dem „inneren Kind", mit Bachblüten und am Medizinrad arbeite, schien er auf's Höchste interessiert.

Prompt hat er mich eingeladen, ihn am Abend zu besuchen. Sieben Uhr?

Nö, das ginge leider nicht, Du weißt ja, Lindenstraße, aber das konnte ich natürlich nicht eingestehen. Also vereinbarten wir halb acht Uhr.

Als ich pünktlich eintrudelte, schien er sehr erfreut. Er bot mir das Du und ein Glas Sekt an. Zum Glück hatte er auch leckeres Leitungswasser und ich behielt einen klaren Kopf. Denn es ging sehr schnell zur Sache.

„Wie prüfst Du eigentlich, ob Du bei Deiner Arbeit richtig liegst?", war das Erste, was er fragte.

„Na ja", zuckte ich erstaunt die Achseln, „ich teste es mit der Einhandrute".

Betti, ich schwöre Dir, in diesem Moment fing er Feuer.

„Könntest Du sie holen, jetzt gleich?"

„Wen?"

„Na sie, die Rute."

Aufgeregt sprintete ich zu meiner Ferienwohnung. Ich fühlte mich ernst genommen, ein tolles Gefühl!

Der gemeinsame Abend verging wie im Flug: Testen, rollen auf einer geheimnisvollen Matte (die nicht zu dünn und nicht zu dick sein darf). Wir testeten uns gegenseitig und hinterher fühlte ich mich einfach toll, regelrecht betrunken, ganz OHNE Sekt!

Da hat Conni, das süße Rotkäppchen, ja einen wirklich netten Wolf für mich entdeckt!

Fast ein wenig wie im Märchen
Deine Marlene

Happy Birthday

Liebe Betti!

Danke der freundlichen Nachfrage! Du hast wohl recht und ich bin einfach verliebt. Der gute Wolf allerdings schwört darauf, dass ich beginne, auszuheilen und auf dem Weg zur „ewigen Jugend" bin. Aber hallo, ist das nicht das Gleiche?!

Bereits ab der zweiten Verabredung (sprich Arbeitstreffen!!!) marschierte ich GERNE schon um 19 Uhr los. Wen interessiert denn das öde Fernsehen, wenn es stattdessen einen echten Heiler zu erleben gilt!

Auch am Mittwoch rannte ich pünktlich los. Als ich mit klopfendem Herzen vor Wolframs Terrassentür stand und durch die Scheibe spähte, saßen da zwei Besucher und auf dem Tisch thronte ein Fresskorb. Ich erschrak fast zu Tode.

So ein dreifacher Mist! Sicher feierte er ausgerechnet heute seinen Neunzigsten, ohne mich vorgewarnt zu haben. Natürlich kam ich mir so unvorbereitet und ohne Geschenk total blöd vor. Geknickt schlich ich wieder nach Hause. Ich durchforstete meine Vorräte und wählte ein einigermaßen männlich riechendes Duftfläschchen, einfach mal so als Alibi.

Um acht Uhr stand ich wieder vor der Türe, mit zugegebenermaßen zittrigen Knien, und sondierte die Lage. Kein Fremder mehr da, auch kein Fresskorb. Ich glaub, ich spinne!

Wolfram erwartete mich schon. Als ich mein spätes Auftauchen begründete, grinste er bloß: „Das waren die Nachbarn. Die haben sich fürs Haushüten bedankt." Und nee, Geburtstag habe er schon im Juli gehabt. Erleichtert ließ ich das Fläschchen in meiner Hosentasche, schon mal fürs nächste Jahr!

Deine noch mal „davon gekommene" Marlene

Und dennoch

Liebe Betti!

Stell Dir vor, es war sogar seeeehr ausfuchst, dem lieben Wolf das Duftöl nicht zu schenken! Wie ich nämlich heute so ganz nebenbei erfuhr, kann er konservierte Gerüche nicht leiden. Dafür hat er im Garten jede Menge Rosensträucher und sogar jetzt im Spätherbst steht alles in voller Blüte.

Tja, das ist eine kleine Einbuße für mich. Du weißt ja, wie gerne ich „schnüffle" und kennst meine riesige Sammlung von Aromafläschchen. Ein Glück, dass ich mich wenigstens nicht einparfürmiere, sonst hätte ich ihm wohl gleich von Anfang an „gestunken".

Dafür liebt Wolfram umso mehr meine natürliche Ausstrahlung! Das dachte ich zumindest, bis wir gemeinsam den Deich hochspazierten. Oben angekommen tippte er mich lebhaft an meinem wenig eleganten Anorak und zeigte mit dem Finger die Straße hinunter: „Schau mal, da läuft AUCH SO EINE ÖKO!!!"

Danke fürs Gespräch, jetzt weiß ich wenigstens Bescheid. Ich lachte herzhaft. Aber ehrlich, ganz tief innen frage ich mich – und Dich – was dieses Wölfchen an mir findet. Tja, was soll's, wir sind eben in der Testphase!

Während ich noch grübelte, kamen Helen, Freddi und Conni den Deich hoch marschiert. Mein Rotkäppchen erkannte seinen Wolf sofort und zeigte mit dem Finger auf OPA. Stolz machte ich alle miteinander bekannt.

Wolfram begutachtete Helen wohlwollend. Helen guckte unverhohlen verwundert auf den jung gebliebenen, durchaus ansehnlichen Mann an meiner Seite.

Als sie mich später fragte: „Ist dieser Wolfram wirklich schon NEUNZIG?", bestätigte ich es stolz. „Respekt, der hat sich gut gehalten", kommentierte Helen.

Am Abend reichte ich das Lob an meinen Liebsten weiter. Der schaute mich verblüfft an und meinte trocken: „Ich bin im Juli EINUNDSIEBZIG geworden."

Da lief ich rot an, aber nur ein klein wenig. Schließlich bin ich gewohnt, zu glauben, was man mir erzählt! Wie sich herausstellte, widersprechen die „normalen" Leute, wenn Wolfram den Scherz über sein hohes Alter loslässt. Pech, Eitelkeit wird von mir nicht unterstützt!

Schon zwei Minuten später steckten wir wieder mit Pendel, Rute, Matte und 40 - Grad-Stuhl samt Kopf, Haut und Haaren, v.a. aber mit dem Herzen in der Arbeit. Dabei komme ich jedes Mal innerhalb weniger Minuten in eine tiefe absolute Ruhe, wo es nichts mehr zu denken gibt, die Stille, wo ich das finde, was ich GOTT nenne.

Trotzdem sehe ich, wie der Verstand immer noch mehr will, noch besser, bei möglichst jeder Krankheit, für jedes Problem. Wir Menschen leiden so sehr unter einem Allmachtsanspruch.

Gestern hat mich Wolfram "als Geschenk für mich" in die Kirche begleitet. Da kam mir der Gedanke, dass JEDE Heilung, egal mit welch einfacher oder komplizierter Methode, von OBEN kommt, genau, wie es Deine kleine Enkelin zu Dir gesagt hat. Wie Heilung freilich aussieht, ist nicht mit dem Verstand zu erfassen und zu bewerten. Mein geliebter Karl Theo ist gestorben und er fehlt mir, obwohl ich nun diese neue ganz andere Liebe erfahren darf, aber ich weiß gewiss, dass er HEIL war, als er fortging, so im tiefsten Glück und Frieden.

Deine bereits von vielem geheilte Marlene

Getrennt

Liebe Betti!

Wieder mal wurde ich beim Nach Hause Kommen von Deiner süßen Stimme und einer herrlichen Telefonbotschaft überrascht. DANKE, hat wirklich gut getan!
Ja, Wolfram fehlt mir jetzt schon.
Er hat versprochen, mich richtig zu "heilen", wenn ich endlich in zwei Wochen wieder an der Nordsee strande. Leider ist es da oben sogar düster und grau, wenn bei uns noch die November-sonne vom Himmel strahlt, aber es gibt ja noch andere Qualitä-ten, die ich weitaus mehr zu schätzen weiß ..... z. B. das strah-lende Lächeln meines Schwiegersohnes, falls er mich überhaupt noch erkennt.
So ganz ohne Männer ist es wirklich bloß das Halbe, egal, was man sich einredet!
Am meisten freu ich mich darauf, Wolfram wieder mal in Echtzeit bei seiner "Arbeit" beobachten zu können.
Am Telefon bin ich immer ganz erleichtert, wenn er gluck-send vor Freude verkündet, er sei endlich "durch" und "fertig" mit allem. Ohhhhhh, dieses Glück, wenn er sich in zufriedener Ruhe zurücklehnt und wir ENDLICH (!!!!) zur Anwendung des Erkannten schreiten dürfen. Leider gibt es zuvor immer die klei-ne Klippe: „Jetzt probier mal DUUUU!"
Also hole ich mit zitternden Händen die von Wölfchen ange-forderten Utensilien: die Einhandrute, ein von ihm soeben gefax-tes Papier mit seltsamen Symbolen, die Creme (ne ne, keine GLEIT-Creme!!!) zur Erfassung meiner Fingerabdrücke. Stell Dir vor, er hat sogar eigens bei der Polizei eine echte Verbrecher-creme organisiert, mit der Einbrecher, Steuersünder und Ver-

kehrs-Raudis für immer identifizierbar bleiben! Habe ich am Telefon endlich alles zusammengesucht? Dann geht's – wieder mal - los.

Ich drücke, ich messe, ich schwitze, ich werde GELOBT und auf die Ferne GELIEBT. Ich schlafe gut, umarme mein Kuschelkissen, träume von der Südsee und hawaianischen Blüten, die GANZ VON SELBER wirken.

Und was höre ich am nächsten Morgen:

„Mein Schatz, wie geht es dir? Beim gestrigen Ablauf sollten wir noch eine Kleinigkeit ändern. Aber das erzähl ich dir heute Abend!"

Betti, Du siehst, meine Tage vergehen in Erwartung und wie im Flug. So ganz nebenbei putze ich das bisschen Schmutz weg, das ich sehe. Gestern hab ich, ausgerechnet während einer Beratung - mit Schrecken entdeckt, dass auch hundsgemeine Zimmertüren Staub und Spinnweben ansetzen. Ja pfui, wird mir schon wieder nicht langweilig!

Deine erwartungsvolle und viel beschäftigte Marlene

Geniale Lösung

Liebe Betti!

Die Zeit des Wartens ist vorbei, endlich!
Ich habe mir an der Nordsee wieder die gleiche Wohnung angemietet, um möglichst nahe bei Wölfchen schlummern zu können.

Als ich bereits im Zug saß, kam mir in Würzburg, wo es ansonsten doch immer viel wärmer ist als bei uns in Augsburg, eine Idee. Denn draußen grinsten mir tiefster Schneewinter und grimmige Kälte entgegen. Da entschied ich ganz spontan, doch lieber gleich bei Wolfram selbst unterzuschlüpfen, um es WARM zu haben.

Und siehe da: Die mir versprochene Ferienwohnung hatte (ohne meine Wissen!!) bereits für die nächsten Monate einen festen Mieter gefunden, eine gute Ausrede für mich, denn in die als Ersatz angebotene Dachwohnung wollte ich nicht einziehen. Aber telefonisch konnte ich keinen Zuständigen erreichen. Also tat ich einfach so, als hätte ich keinen Schlüssel unter der Fußmatte gefunden und zumindest den guten Willen gehabt. So besaß ich sogar ein perfektes Alibi gegenüber Helen!!!

Wolfram schien sich über meine unerwartete geistige Wendung ebenfalls sehr zu freuen und machte mir bereitwillig Platz in seinem Schlafzimmer. Das mit der nicht bezogenen Ferienwohnung konnte ich im Verlauf des nächsten Tages mit dem Vermieter gütlich klären. So ersparte ich mir eine Menge Kosten. Meine Tochter zeigte sich sehr erstaunt, dass Wolfram es ERTRÄGT, wenn ich bei ihm wohne, und wir zwei Verliebten waren glücklich.

Deine gut an- und untergekommene Marlene

Du sollst nicht krank sein

Liebe Betti!

Die ersten Tage waren wir gemeinsam ganz high. Jedenfalls fast, denn leider habe ich meinem Beischläfer die ganzen Nächte was gehustet und selber literweise Magnesiumwasser gesüffelt. Erst nach Tagen, als ich mich schon ganz im Keller fühlte, haben wir zwei experimentierfreudigen Geistesarbeiter kapiert, dass ich auf unsere ausgefuchsten, immer noch raffinierteren Methoden mit einer massiven Erstverschlimmerung reagiert habe, Sachen aus der frühen Kindheit. Also noch mal auf den Stuhl, noch mal alles durch, und hurra, die Symptome waren weg. Erstmals schlief ich die halbe Nacht durch.

Als ich dann entdeckte, dass mein Liebster in den ersten Stock ausgewandert war, um sich vor meinem GESUNDEN Schnarchen in Sicherheit zu bringen, schlich ich mich nach oben und legte mich auf ihn. Da war er ganz platt!

Am nächsten Morgen fühlte ich mich rundum erholt und pudelwohl. Wolfram griff zu seinem Pendel, entschied, ich müsse noch mal auf den Stuhl. Jetzt ging's mir wieder schlechter, na klar, ich hatte ja vorher Bachblüten geschluckt. Somit waren die Schuldigen identifiziert, mir ging's wieder gut und mein Liebster war zufrieden.

Zwei Tage später war er wieder ganz platt: Er hatte sich angesteckt, was ja schlichtweg UNMÖGLICH ist!!! Trotz Blaulicht (keine Bange, KEIN Sanka!!), das er zum Desinfizieren benötigt, und trotz sämtlicher Energetisierungsmaßnahmen hatte er die Nase so voll (NICHT VON MIR), dass er die ganz Wohnung samt Lebensmitteln durchtestete.

Na ja, war ja klar, die plastikverschweißte, totgekochte, verwürzte und minderwertige Supermarkt-Nahrung ist UNSCHULDIG!!!

Es war mein teurer, mit Liebe gekauft und verwendeter BIO-Essig!!! Wir stritten uns wie ein altes Ehepaar, ich ging eineinhalb Stunden zum Ausheulen bei frischer Nordseeluft spazieren und kam vergnügt nach Hause, um ihn zu lieben. Da war Wolfram immer noch SAUER.

Na dann eben nicht!!! Da ich am Sonntag WEGEN IHM das Haus voller Leute eingeladen habe, um ihn bei der Wintersonnwende vorzustellen, MUSSTE ich (ohne ihn!!!) heimfahren und hab mir eine sündhaft teure Bahnkarte ausgedruckt.

Jetzt war er noch eine halbe Stunde sauer, dann versöhnten wir uns und waren beide platt: Ihm ging es wieder besser und ich fing nochmals an, so richtig aus voller Kehle zu husten. Vor lauter Schuld-, Unschuld-, Mitschuldgefühlen bekam auch er wieder einen roten Kopf und wir schliefen die ganze Nacht mit Blaulicht, bis wir ROT sahen.

Aber es half alles nichts, ich fuhr am Dienstag mit dem Zug nach Wasawieslein, wo ich nun hustend und stöhnend ALLEIN das ganze Haus putze und für den Sonntag herrichte. Mein irrsinnig Verliebter fühlt sich seit gestern GESUND, na klar!!! Er hat versprochen, an Weihnachten samt seinem alten Klapperauto vor meiner Tür zu stehen, falls es nicht friert und schneit. Das heißt, ganz Deutschland betet gegen ihn, aber die Wetterkarte steht für uns auf rosarot.

Ein frohes GESUNDES Weihnachtsfest wünscht Dir und mir
Deine völlig durchgedrehte Marlene

Liebe Betti!

Dies sollte für Wölfchen und mich das erste gemeinsame Weihnachten werden. Schon ein bisschen komisch für mich, heuer weder mit Karl Theo, noch alleine, sondern mit einem leibhaftigen neuen Mann zu feiern. Am meisten freute ich mich auf die zu erwartende körperliche Nähe. Wenn ich das schreibe, wird mir ganz heiß. Du erinnerst Dich noch, wie ich letztes Weihnachten in der Kirche geschwitzt habe?

Na ja, so richtig gekuschelt wurde dann doch erst gestern Abend.

Schon ab halb acht Uhr morgens saß ich mit geröteten Wangen am Handy, um allzeit bereit zu sein, falls mein Liebster irgendwelche Lotsendienste benötigen würde. Aber um drei war ich bei Peter in Hinteroberstein zum Geschenke abliefern verabredet! Also sauste ich schon um HALB drei hin, vorsichtshalber. Und prompt um drei Uhr klingelte das Handy, mitten in Monis köstliche Sahneroulade. Ich lief rot an, denn jetzt half alles nichts, und ich musste gestehen, wieso ich ausgerechnet am hochheiligen Kaffeetisch UNBEDINGT und AUGENBLICKLICH telefonieren müsse, und vor allem MIT WEM.

Mein Schatz teilte mir mit, er hätte nur noch hundertfünfzig Kilometer zu fahren. UPPS, das wurde knapp!! Ich wurde noch röter und teilte meiner Schwiegertochter Moni schamvoll mit, dass ich leider BALD nach Hause müsse, ohne alle ihre zwanzig Plätzchensorten probiert zu haben. Da Weihnachten ja das Fest der LIEBE ist, blieb sie gnädig. Sie entließ mich schon um dreiviertel vier mit einer warmen Umarmung, Peter ebenso. So hatten sie endlich eine Sorge weniger mit Mutter!!!!

Ich raste nach Wasawieslein, überschritt mehrere Fünfziger-zonen (hoffentlich ist die Polizei an heiligen Tagen bei solchen Ausnahmezuständen auch GNÄDIG!!) und kam trotzdem zu spät. Wolfram hatte bereits den gut versteckten Schlüssel ge-funden und das Auto ausgeladen. GUT, so blieb uns noch genü-gend Zeit zum Kuscheln!!

Alles Liebe, noch mal herzliche kuschelige Weihnachtsgrüße, natürlich auch von Wolfram unbekannterweise

Deine glückliche Marlene

Umstellungen

Liebe Betti!

Ein inniges Dankeschön für Dein Mail. Ich habe genauso oft an Dich gedacht, wie ich keine Zeit hatte, Dir zu schreiben - d. h. SEHR OFT! Du weißt das bzw. hast das hoffentlich gespürt? Das neue gemeinsame Leben bringt spürbare Veränderungen mit sich.

Mein Vegetarierhaushalt hat sich komplett verdoppelt, da Wölfchen ABENDS Fleisch braucht, um satt zu werden, mittags hingegen nur Obst, aber keine Orangen und Mandarinen, denn die gäbe es ja praktischerweise im Bioladen, nein, Äpfel lieber auch nicht, upps.

So stehe ich also alle drei Tage zitternd an der Einkaufstheke und stelle so unsinnige Fragen wie:

„Ääääh, muss man beim Gulasch Schwein und Rind getrennt kochen?????" Das weiß die Tussi leider auch nicht, na dann eben nicht.

„Hält ein rohes Schnitzel drei Tage im Kühlschrank?" Das könne man riechen. Oha! Danke für diesen Tipp, meine Nase funktioniert noch.

„Welchen Fisch kann man am leichtesten braten?" - ??????

„Na gut, dann das Lachsfilet."

Antwortet die Verkäuferin: „Nein, das lieber nicht, das hat eine Haut!" Na so was, und ich dachte immer, man erstickt bloß an den Gräten.

Mittlerweile kenne ich den Unterschied zwischen dicken, dünnen und rohen Bratwürsten, vorgereiften Kiwis und überlagerten Bananen. Dazu kommt erschwerend mein eiserner "eigensinniger" Wille, es muss BIO sein, uff!!!

Ich selber esse tagelang bloß noch Vorgekochtes: Diese Woche gibt's Hirsenocken mit Kompott. Du bist gerne dazu eingeladen, denn für meinen hungrigen Wolf sind meine Vorlieben bloß kompakte, kleine und eigentlich unnötige Nachspeisen, also kriegt er sie auch nicht!!!

Eigentlich hätte mein Liebster noch viel größere Strafen verdient, weil er mich letztens an der Supermarkt-Wursttheke so schamlos im Stich gelassen hat. Ich war so begierig drauf, zu erfahren, welche Sorten er bevorzugt. Aber nein, er, der feige Verräter, versteckte sich vor der verkaufslüsternen Verkäuferin, weil ER sich geniert, wenn er bloß 50 Gramm bestellt. Na und ICH, genier ich mich nicht???

Als er dann ins Regal griff, und einen in PLASTIK ABGEPACKTEN und noch dazu DREIHUNDERT GRAMM SCHWEREN Salamiaufschnitt auswählte, begann ich zu vor Wut zu schäumen. Schinken und Salami, das kann ich ja wohl auch selber!!!! Völlig geknickt und schuldbewusst stand mein böser Junge eine halbe Stunde später zusammen mit mir vor der Theke eines ECHTEN Metzgers. Wir beichteten unser Problem. Die Verkäuferin erkannte sofort das Nord-Südgefälle und erklärte einfühlsam den Unterschied zwischen Kassler und gekochtem Ripple, den es nicht gibt, was ICH schon vorher wusste, aber gewisse Leute glauben einem ja nicht!!! Dann schnitt sie mit sanfter Hand drei Probiererle von diversen Schinkenwurstsorten ab. Erst bei der Kasse meinte sie etwas streng und leicht bitter, es gäbe hier AUCH FÜR VEGETARIER recht leckere Sachen. Da schloss ich rasch den Geldbeutel und wir ergriffen mit unserem dürftigen Päckchen die Flucht.

Jetzt stehen wir also nicht bloß beim Pfarrer, sondern auch beim Metzger auf der Fahndungsliste!!

Deine schon ganz veränderte Marlene

Frau am Steuer

Liebe Betti!

Vergangene Woche waren wir am Weissensee, um beim Austesten unseres Gesundheitszustandes auch die Nerven zu überprüfen. Mir war klar, dass, um dies zu messen, ICH am Steuer sitzen müsste. Wölfchen ist, wie wir feststellen konnten, noch in der Aufbauphase. Als ich beim V-Markt in Mindelheim das Steuer nicht schnell genug herumreißen konnte, fuhren wir mit voller Blase bis Marktoberdorf weiter. Der hier ansässige V-Markt mit kostenlosem Kundenklo feierte sein 100-Jähriges, bedeutet, man wartet vor der Schranke mit hundert Autos in der Schlange, bis man ein Billett ziehen darf. Unser beider Blasen waren SEHR VOLL!

Endlich kam auch ich an die Reihe. Erfahrungsgemäß ist der Druckknopf immer fast unerreichbar. Ich näherte mich der Schrankensäule, so nahe ich konnte. Der Knopf so nah, und doch schien mein Arm zu kurz. Noch ein kleines Stücklein, ES GING NICHT!! Das Sch...-Auto tat keinen Rucker. HA, mein Außenspiegel, der Schlawiner! Ich klappte ihn gereizt ein, und ES GING NOCH IMMER NICHT!!! Wolfram wisperte wohlmeinend, ich säße an der Säule fest, JA, UNTEN. Ich öffnete zornig die Türe. Er hatte wieder mal RECHT!!! Also versuchte ich es ein Stücklein rückwärts, aber hinter mir waren ja schon wieder 100 Autos in Wartestellung. Ich wüsste mal gerne, ob die auch so volle Blasen hatten!!! Als ich endlich durch war, brauchte ich bloß noch schäbige sieben Minuten, um die einzige freie Parklücke in Besitz zu nehmen. Wolfram benötigte mittlerweile nicht mehr die Toilette, sondern den Notarzt!

Deine inzwischen wieder erleichterte Marlene

Nervensache

Liebe Betti!

Danke der Nachfrage! JA, in den Bergen war es sehr schön, keine Autoschlangen, Pinkeln im Freien erlaubt, solange man nicht erwischt wird, gut funktionierende Sparheizung.

Nur vor der Heimfahrt graute mir, oder doch eher meinem Wölfchen. Egal, an mein Steuer durfte er nicht. Ich muss selbstständig bleiben! Gegen seine schwachen Nerven kann ich ihm ja Bachblüten mischen, wenn wir wieder daheim sind. Falls wir dort ankommen, meint der ängstliche kleine Wolf!

Als wir sehr erschöpft wieder in Heimathause eintrafen, erwartete mich ein Schreiben der von mir im letzten Jahr so sehr lieb gewonnenen Mieterin. Sie hat die Feiertage genüsslich damit verbracht, meine letzte Nebenkostenabrechnung von vorn bis hinten zu zerpflücken.

Wolfram beschloss, die Sache selbst in die Hand zu nehmen, das schien ihm einfacher, als meinen wirren Geisteszustand zu kurieren. Bereits beim Strom spürte er einen winzigkleinen Rechenfehler auf, gab der Mieterin schon mal in diesem Punkt recht und verlangte von mir Einsicht in SÄMTLICHE Originalbelege. HA, ich schäumte innerlich vor Wut und beschloss, meinen ehemals Geliebten diese Nacht nicht in meinem ungemachten Bett schlafen zu lassen! Sollte er doch ohne Heizdecke und OHNE meine eiskalten Füße in sein selbst gemachtes Nest schlüpfen.

Aber na ja, Du kennst mich wahrscheinlich zu gut!!!

Also behandelte ich mich eben selbst (!!!) mit Bachblüten, Ho´oponopono und betete zu den Engeln.

Wieder ganz RUHIG Deine Marlene

Durcheinander

Liebe Betti!

Wir sind wieder in Wasawieslein und alles ist wie gehabt: Der Postkasten quillt über, die Tauschbörse ruft, meine Stiefschwester vermisst mich, meine Nachbarin tut so, als wäre ich jeden Tag da gewesen und ERWARTET DAS AUCH WEITERHIN, die Wäsche will aus dem Koffer und ich will einfach nur raus in den Frühling. Allerdings, dass wir in vier Wochen schon wieder an die Nordsee müssen, na ja, so weit raus will ich eigentlich auch wieder nicht!!
Aber schön, DICH wieder in der Nähe zu wissen!

Unser Nord-Südgefälle macht sich weiterhin beim Kochen bemerkbar. Als ich mit großem Vergnügen im Bioladen meinen geliebten Wirsing entdeckte, zeigte Wolfram sich gleich skeptisch. Bei der Zubereitung des leckeren Gemüses fand er kategorisch, ES STINKE GRAUSAM. Mit verzogenem Mundwinkel fragte er: „Wie schmeckt das? "
„Nun ja, genauso, wie es riecht." Oder??
Daraufhin bot ich meiner Schwägerin großzügig an, ihr die Hälfte zu überlassen. Sie lehnte dankend ab und ließ Wolfram ausrichten, der Wirsing rieche HINTERHER genauso, wie er schmecke! Na dann, guten Appetit. Möchtest etwa Du etwas davon abhaben?

Etwas chaotisch
Deine Marlene

Planungsstress

Liebe Betti!

Seit Tagen dreht sich alles um die geplante Nordseefahrt. Wolfram baut minutiös das Auto um, damit wir eine bequeme Liegefläche für die Pausen haben, jede Kühltasche erreichbar bleibt und trotzdem ALLES ORDENTLICH und blickdicht verstaut bleibt!!! Mir graust es natürlich vor der langen Strecke.

Nachdem ich heute Morgen in mühevoller Kleinarbeit unsere komplizierten Essens- und Einkaufspläne für den kommenden Sonntag zusammengestellt hatte, den schweren Koffer hochgewuchtet und den Kleiderschrank zum dritten Mal gesichtet, gönnte ich mir den Spaß, nachzulesen, welche Bachblüten gestern Abend in meinem neuesten Seelenfläschchen gelandet sind.

Bei "Garlic" stand: „Nervös, Lampenfieber, psychisch labil".

Obendrauf informierte mich "Haselnuss": „Das Leben wird genauestens geplant. Ich kann mich der REISE ins Unbekannte anvertrauen."

Ich hab die Kärtchen meinem lieben "Zaubermeister" zum Frühstück vorgelesen und wir haben Tränen gelacht.

Ich hoffe inständig, dass es bei Dir und Euch auch ohne Reisen noch kleine oder größere Anlässe zum Freuen gibt, dass alle schnell gesund werden und es lange bleiben!!

Deine jetzt entstresste Marlene

Arbeitseinsatz

Liebe Betti!

Herzliche Grüße vom derzeitigen Sturm -"Tief" oder -"Hoch" an der Nordsee. Die Zeit vergeht mit Arbeit und Gebeten, weil wir Bäume, Sträucher und dreckige Schubladen bis Ostern zu bearbeiten haben.

In den wenigen kleinen Zwischen-Pausen musste /durfte/ konnte ich mich zum x-ten Mal entschließen, mich mit WOLF-RAM zu versöhnen. Wir streiten unglaublich viel, weil wir in fast allen Dingen mal zu ähnlich, mal zu verschieden sind. Aber ohne Zweifel, ich liebe ihn DENNOCH!!!

Handwerklich ist er ja überaus geschickt! Die Fahrt im umgebauten Auto ist so mühelos verlaufen wie noch nie. An den Rastplätzen bekamen wir viele neidische Blicke dafür, dass wir einfach an Ort und Stelle schlafen können. JAAA, wenn auch ein wenig hart gepolstert, aber ich darf nicht undankbar sein! Am meisten fehlte mir unterwegs ein SAUBERES Klo und vor allem hinterher das Wasser zum Händewaschen. So was gibt es nur gegen MONEY, und das darf ich ja leider nicht ausgeben.

Hoppla, bin ich schon wieder an einen SPARSAMEN Mann geraten??? Aber ich bekenne, es ist auch mein eigener Geiz. Früher, als es noch Toilettenfrauen gab, hab ich gerne bezahlt.

Zu meiner Erleichterung macht sich Wölfchen bereits hin und wieder Gedanken über ein EIGENES Klo.

Ich hingegen mache mir hauptsächlich Gedanken, weil die Kleinen an Scharlach erkrankt sind! Vielleicht macht uns Große die viele Arbeit ja resistent gegen Schlimmeres!

Schlichtweg ausgepowert

Deine Marlene

Überstanden

Liebe Betti!

Wir haben uns gelassen auf die Heimfahrt gemacht, wenn auch leider leider Wolfram seinen Garten nicht zu Ende stutzen konnte. Er (der Garten!) ist vom Maulwurf zerwühlt, vom Orkan noch schlimmer zerzaust als vorher, und wartet bereits auf unseren Einsatz, ehe die Sommersonne hernieder knallt.

Hierbei könnten wir eine gewiefte Fachfrau wie Dich gebrauchen. Bett und Kekse wären inbegriffen. Wann darf ich mit Dir rechnen???? Ich würde Dich sogar von zu Hause abholen, samt luxuriöser Autotoilette!!!

Wunderbarerweise oder dank Wolframs heilerischer Fähigkeiten hab ich mich bei unseren Kleinen nicht mit Scharlach angesteckt. Ein Glück, so bin ich sofort arbeitsfähig und kann mir mit der angesammelten Post das Hirn einrennen.

Jetzt habe ich noch Tochter-, Schwester- und Tanten-Geburtstage abzuarbeiten sowie Peters Umzug zu verdauen, der sich ein Jährlein Auszeit von seiner Familie gönnt, um sich „FREI zu fühlen ohne Druck und Hektik"?????

Ich denke OFT an Dich und schicke Dir alle diversen, netten, passenden Engel, an die, wie könnte es anders sein, der schlimme Bube WOLFRAM nicht glaubt!!

Deine sich ab morgen (!!!) erholende Marlene

Geniale Erfindung

Liebe Betti!

Tausend Dank für Dein langes Mail, Du schreibst schneller zurück, als ich gucken kann!!

Ja, Du hast recht: Ohne Kühlschrank wäre das Leben echt bescheiden. Aber uns zwei „alten" Weitreisenden war das Klo einfach noch viel wichtiger. Wir haben zahlreiche Spritz- Einschieb- und Aushubmethoden durchprobiert, bis wir endlich AM ZIEL waren.

Die ursprünglich billigste Variante, ein hübscher blickdichter dunkelblauer Krug vom Flohmarkt, bloß 2 Euro MIT Deckel, musste leider verworfen werden, weil der Verschluss nicht dicht ist, falls die Ausbeute umkippt.

Der Trichter für schäbige 4,99 € erwies sich für mein pralles Hinterteil als zu umbequem.

Auf dem wunderhübschen Eimer mit abgerundeter Oberseite kann Wölfchen nicht sitzen, ohne von den Latschen zu kippen.

Der Trinkjoghurt, die 1 Literflasche für 1,99 €, schmeckte recht scheußlich. Und als ich die Flasche nach 3 Tagen ENDLICH geleert hatte, stellten wir fest, dass Wolframs "Einspritzvorrichtung" nicht ganz hineinpasst! Mist, für mich war das sowieso nix!!

Zuletzt hatten wir die geniale Idee, Juniorwindeln zu kaufen, SIEBEN Euro, saubequem, ich lege sie in den Trichter, der steckt im blauen Krug, dieser fast kippsicher im Eimer, zum Schluss Deckel drauf, eine grandiose Lösung! Und mein Wölfchen pinkelt derweil wonnevoll ins GUT VERSCHRAUBBARE Gurkenglas.

Deine total ERLEICHTERTE Marlene

Im Garten

Liebe Betti!

Danke Dir, Du fleißige Gärtnerin! Ich weiß, wie gerne Du mir helfen würdest.

Noch vor zwölf Monaten hätte ich Dir an dieser Stelle geschrieben: Ich wünsche Dir und Deinem Sigbert einen entspannten sonnendurchtränkten Frühling mit Tulpen und was sonst noch alles tausendfach in Deinem Garten sprießt.

Deine diesjährige Arbeit ist bestimmt genau so kostbar, leider um so vieles schwerer. Du pflegst jetzt einen Seelengarten.

Wieder zuhause genieße ich die voll erblühten Jasminblüten, nach all den herrlichen Rhododendren und Rosen eine hübsche Abwechslung! Wir freuen uns darüber, dass es in Wasawieslein ZWEI Toiletten gibt, und sind geknickt, weil sämtliche Arbeiten, die wir vor vier Wochen erledigt hatten, anscheinend völlig umsonst waren.

Um mich ein wenig zu entlasten, wagte ich andeutungsweise FREMDE Hilfe zu erwähnen. Die Tauschbörsenleute warten immer ganz begierig auf gut bezahlte Einsätze, unsere Nachbarn auch. Da war Wölfchen so beleidigt, dass er sofort selbst zur Tat schritt. Er sucht regelrecht nach immer neuen Herausforderungen. JA, Gartenarbeit kann er auch!!!

Das Gras war so hoch gewachsen, dass mein eifriger Gartenmann ein warnendes Stöckchen übersah und die kostbaren Frauenmantelpflanzen mit Stumpf und Stiel ausgerottet hat. Mir blutet das Herz und ich darf es nicht zeigen, sonst mäht er gar nix mehr!!!

Soeben pflanzt mein "Geliebter" vollkommen bekleidet und umso mehr schwitzend eine Hecke, die uns einen grünen Blick von der Terrasse und vom Wohnzimmerfenster aus bescheren soll. Da sie für diesen Zweck mindestens FÜNF Meter hochwachsen muss, wird es, schätze ich mal, in zwanzig (??) Jahren so weit sein. Wolfram behauptet felsenfest, es dauere nur fünf Jahre, schließlich heiße die Bepflanzung laut Bestellliste WUNDER-Hecke. Na gut, da bin ich 80, solang kann ich locker warten.

Wobei ganz im Vertrauen gesagt ein nettes Fensterbild oder ein hübscher Vorhang nach meiner bescheidenen Meinung schneller UND billiger zu haben wäre und noch dazu schweißfrei!! Aber das habe ich inzwischen gelernt: Streite nie mit einem rationalen, logisch denkenden MANN, wenn er etwas ausheckt!!

Gottergeben an Wunder glaubend
Deine Marlene

Kennenlernen

Liebe Betti!

Das unbestrittene Highlight der Woche war der gemeinsame Besuch bei Tante Melli, um ihren 92. Geburtstag gebührend nachzufeiern. Sogar mein Bruder Tom ist extra angereist. Wie Du anhand der Fotos sehen kannst, besteht eine gewisse Ähnlichkeit zwischen meinen zwei „Männern". Da Tante Melli den einen noch nie und den anderen schon sehr lange nicht mehr gesehen hat, waren wir auf ihre Reaktion gespannt. Sie kuckte etwas verblüfft von einem zum anderen und stellte sich charmant als „Ich bin die Melli" vor, woraufhin Tom seine Tante liebevoll umarmte. Danach schloss sie spontan auch noch das „neue Familienmitglied" ins Herz und wir bereiteten uns, ausgehungert, wie wir waren, in Windeseile aufs Mittagessen vor.

Ich hatte, wie vorher mit Tante Melli telefonisch besprochen und abgesegnet, ganze Berge an Vollkornnudeln und vegetarischer Soße Bolognese vorgekocht und einen Korb gefüllt mit Salat, Paprika, Tomaten und Oliven angeschleppt.

Zu meiner Überraschung legte mir Tante Melli ihr eigenes komplett geplantes Menü zur Ansicht vor:

-Ein halbes gebratenes Hähnchen: „Das ist für Wolfram, falls er kein Vegetarier ist". Bravo, richtig vermutet!

-Dazu eine Pizza mit Salami, falls das Hähnchen nicht reicht ODER Tom seine Essgewohnheiten geändert haben sollte, dazu eine zweite Pizza bloß mit Käse, falls nicht.

-Im Kochtopf erwartete uns ein gewaltiger Bund grüner Spargel (Oha, weißen Spargel hatten wir gestern Abend!)

-Auf dem Tisch grinste uns eine Zehnmannschüssel vorgebackener Eierhaber entgegen, dazu passend das Zwetschgenkompott und ein großes Glas Apfelmus.

Etwas verlegen starrte ich auf meine von zu Hause mitgebrachten Nudeln, weil Herd, Mikrowelle und Backofen ja jetzt bereits voll belegt waren. Aber Tante Melli wuchtete großzügig ihre alte Bratpfanne hoch und meinte, sie würde auf jeden Fall auch meine Nudeln probieren. Ich war erleichtert. Wenn sie meinte? So käme auch ich unauffällig zu ein wenig Vollkorn, weil auf Weißmehl war ich jetzt noch nicht eingestellt. Schließlich warteten bereits in zwei Stunden unabwendbar Kaffee und Kuchen auf uns.

Schüchtern fragte ich nach der Margarine. Tante Melli schaute mich nachdenklich an. Sie koche nur mit Öl. Hmmm, meinte ich leicht irritiert und durchsuchte mit ihrer Erlaubnis den Kühlschrank. Butter gab es nicht, aber eine ungeöffnete Becel, ungehärtete Fettsäuren, NICHT zum Braten, dafür seit zwei Jahren abgelaufen. Wahlweise fanden wir in der Speisekammer ganz hinten, unten links, ein noch neues Fläschchen Walnussöl, haltbar bis 2011. Ich entschied mich gegen den mutmaßlich schon ranzigen Geruch des Altöls und für den Angriff der ungehärteten Fettsäuren auf unsere arme Leber. Heute war es sowieso egal!! Angesichts der Essensmengen erwärmte ich nur wenig Nudeln und wenig Soße. Den Rest konnten meine zwei Männer ja noch abends oder morgen oder im Lauf der Woche vertilgen.

Während wir erwärmten, kochten und backten, bereitete ich den gemischten Salat. Unsere Tante hatte nahezu alles parat, Radieschen, Tomaten, Gurken, fertigen Krautsalat. Na ja, jetzt bräuchten wir nur noch etwas Kräutersalz, Öl und Essig. Sie schaute mich wieder verlegen von der Seite an.

„Also, Petersil und Schnittlauch gibt's im Garten, aber ob die schon gewachsen sind". So lange wollten wir dann doch nicht warten. Ich begleitete sie in den Keller, wo wir eine Flasche hochfeines Olivenöl fanden, noch als Geschenk verpackt, dazu Essigessenz, um die Badfliesen zu reinigen, und ich konnte Wolfram nur mit Mühe hindern, gleich loszuputzen.

In Nullkommanichts war alles fertig. Tante Melli schöpfte sich, „um zu probieren" und mich nicht zu beleidigen, fast den gesamten Nudelberg auf ihren Teller, der hungrige Wolf verputzte das Hähnchen samt Nudelrest und die Pizza, Tom naschte am Eierhaber, und als ich kläglich fragte, ob ich noch ein paar Nudeln anbraten dürfe, schrien alle mit vollem Mund: „Nein, bist du verrückt."

Da seufzte ich gottergeben, zerlegte meine drei Nudelchen in zehn wohlproportionierte Einzelteile, arrangierte schlechten Gewissens zwei Bissen Eierhaber daneben und dekorierte das Ganze mit der letzten Pflaume. Schließlich gab es Unmengen Salat und in 100 Minuten schon wieder KUCHEN.

Nach dem Abspülen vertrieb ich mir die Wartezeit mit einem gemütlichen Mittagsschlaf. Meine Männer hatten bereits im Garten zwei schöne Liegeplätze ergattert und schlummerten selig. Ich legte mich auf die Couch, aber Tante Melli vertrieb mich schnell, weil es im Garten da, wo sie immer liege, viel bequemer sei. Ich rappelte mich hoch, ließ mich auf den Liegestuhl fallen und schloss die Augen. Tante Melli rüttelte mich wach, um mir ein Kissen unterzuschieben, dann noch einmal, um zu fragen, ob ich bequem liege (JAAAA!) und ein drittes Mal, ob ich eine Decke bräuchte (NEIN !!!!). Als ich nach zehn Minuten von meinen gut ausgeschlafenen Männern geweckt wurde, fand ich mich bis zur Nase unter einer Schicht Wolldecken vergraben, DANKE, Tante Melli !!!

Wie vorher beim Essen bestand auch wissenschaftlich gesehen eine gewisse Kluft zwischen beiden Männern. Umso verblüffter war ich, als sich beide um das einzige alkoholfreie Bier zu raufen begannen!

Nachmittags gab es Sahnetorte (fett und schmeckig) ODER Apfelkuchen, schon ein bisschen alt (aber doch sicher gesünder). Du weißt sicher, dass ich mich heldenhaft für das Apfelteil entschied.

Gleich der erste Bissen fiel mir wieder aus dem Mund, und ein zweistimmiges männliches „Aber Marlene!!" brachte mich zur Besinnung. Schamrot schluckte ich das Teilchen und griff gleichzeitig nach meiner Brille. Die schelmisch grünen Nussspitzen waren leider tatsächlich keine Pistazien, sondern ausgewachsene Schimmelsporen. Ich sortierte unauffällig aus und aß den Rest auf. Schließlich liebe ich meine Tante mehr als mich selbst, zumindest an ihrem Geburtstag!!!

Am darauf folgenden Tag hat uns Peter stolz seine Neue präsentiert. Sie ist supernett, heißt Sonja und muss mich besser kennen, als ich ahnte. Sie schenkte mir zum Einstand einen Rittersporn mit dem Warnhinweisschild: Nur zur Dekoration. Nicht zum Verzehr geeignet!!!!!

Deine wieder mal so richtig satt gewordene Marlene

Dazugehörig

Liebe Betti!

Noch mal Danke für Deinen netten Anruf. Hat echt Spaß gemacht, mit Dir zu plaudern. Wahrscheinlich hat bei euch auch der Blütenstaub zugeschlagen und es macht jetzt NOCH MEHR Freude, zu putzen und zu schuften!!

Die „Pflichtbesuche" bei den lieben Verwandten sorgen für Abwechslung, sind aber für mein Wölfchen manchmal noch anstrengend.

Tante Melli vergöttert ihn bereits, wohingegen mein Onkel Michel, der heuer 99 wird, meinen „Bekannten" recht skeptisch beäugte. Da mein Onkel sogar seine geliebte Rosi seit fast 20 Jahren immer noch als „gute Bekannte" tituliert, braucht es niemanden zu kränken.

Onkel Michel lag eine Woche im Krankenhaus, wegen kleinerer Hautverpflanzungen an Kopf und Schulter. Er war sichtlich dankbar, dass ihn seine Schwester Melli und seine Rosi besuchten und mit guten Gaben überhäuften.

Anscheinend genoss er sogar, dass er mich endlich wieder sah, obwohl sein männlicher Stolz bislang jedes Treffen verweigert hatte. Er sei derzeit „nicht schön genug". Jetzt mit stolzem Kopfverband war das was anderes.

Seinen 99. Geburtstag werde er aber nur dann in der Wirtschaft feiern, FALLS bis dahin alles ordentlich verheilt ist, verkündete er resolut. Aufschrei der zwei Damen!!!

Immerhin stakste Onkel Michel ungeniert in KURZEN Hosen zum Besuchertisch und zeigte seine mageren Storchenbeine, was er seit seiner Kleinkinderzeit bestimmt nie mehr gemacht hat.

Bei unserem Besuch beharrte Michel darauf, so schnell wie möglich entlassen zu werden, am besten gleich morgen, weil das Essen hier so unendlich schlecht sei. Beispielsweise das Gulasch sei ungenießbar, besonders die Soße. Auf meine genauere Nachfrage hin erklärte er, in einer hohen engen Salatschale habe schließlich nicht so viel Flüssigkeit Platz, also habe er die restliche Salattunke ins Gulasch schütten MÜSSEN.

Wir alle waren uns einig, dass er unbedingt MEHR ESSEN solle, und waren erleichtert, als die Schwester endlich die Abendmahlzeit servierte.

Aber Michel betrachtete bloß angewidert die Scheiblettenkäse- und Gelbwurstscheiben, das Schüsselchen mit Kompott, die undefinierbaren eingelegten Gurken? Zucchini? Zwiebeln? Und schob den Teller weit von sich: „ICH HAB KEINEN HUNGER".

Wir redeten uns zu viert den Mund fusslig. Endlich ergriff Tante Melli das Messer und schmierte die Brotscheibe.

„ISS DIE WURST!", herrschte ihn Freundin Rosi an. „Oder wenigstens die Senfgürkchen", schmeichelte sich Wolfram ein.

„NEIN", grollte Onkel Michel, „höchstens das Kompott, hoffentlich ist es Apfel". Das glaubte ich zwar insgeheim nicht, eher Pfirsich oder Kürbis, aber was soll`s, wenigstens Vitamine.

Während sich Michel noch ein wenig zierte, verspeiste Rosi die undefinierbaren Senfgurken. „UND JETZT ISS DIE WURST"!!!

Michel jammerte: „Nein, ich mag sie nicht, die gibt es jeden Tag".

„DU MUSST ESSEN", schimpfte Tante Melli und drohte ihm mit den aufgespießten Gelbwurstscheiben. Michel schüttelte trotzig das weiß umwickelte Haupt. Da meinte mein Geliebter sanft: „Melli, nimm die Wurst doch für Deine Katze mit." Meine Tante kuckte Wolfram verständnislos an. „Wie meinst Du das?"

„Na ja", stotterte mein Wölfchen:

„Du HAST doch eine Katze? Die mag die Wurst bestimmt".

In diesem Moment griffen die drei alten Leutchen wie auf Kommando gleichzeitig zur Gabel und beschlagnahmten die Wurstscheiben. Als Onkel Michel sah, dass sich alle einig waren, ließ er die Gabel erleichtert wieder los, Melli nickte freundlich zu Rosi, und diese verschlang die vier Scheiben. „Na also", sagte sie, „schmeckt doch. Was hast Du bloß, Michel?"

Erst am Parkplatz draußen gestand sie, sooo besonders sei die Gelbwurst wirklich nicht gewesen.

So hat Wolfram also die gestrenge Aufnahmeprüfung ausreichend gut bestanden.

P.S. Ich hätte noch Kuchenvorräte von vorgestern, da ich mit Peter seinen 40. Geburtstag gefeiert habe, zusammen mit 14 geladenen Gästen – die alle ZUGESAGT hatten!

Der Reihe nach kamen die Telefonanrufe mit triftigen Entschuldigungen: Erkrankung, 80. Geburtstag des Vaters, Ferienaufenthalt beim Nachbarsjungen, WICHTIGES Fußballspiel, Beerdigung (zum Glück nicht die eigene!). Ich schluckte schwer!

Also mussten wir die für Peter selbst gebackene Fettcremetorte und die sechs Kuchenstücke vom Bäcker (für die Jungs, die KEINE Nüsse, Mandeln, und schon gar kein Vollkornmehl vertragen!!) sowie die für Jana aufgetaute Vollwert-Kirschtasche wohl oder ÜBEL selbst vertilgen. Denn Hund und Katze haben wir keine.

Es sind noch Reste da, komm gern vorbei! Onkel Michel will ja nicht!

Deine gut bevorratete Marlene

99. Geburtstag

Liebe Betti!

Obwohl doch Wolfram einen so guten Eindruck gemacht hatte, wurde nur ICH, die Nichte, zu Onkels Geburtstag eingeladen. Nachdem ich am Telefon fünfmal unter Tränen beteuert hatte, ich könnte nicht ALLEIN die schwierige Schnellstraße fahren, um in Steinach, wo immer das sein mag, in die Wirtschaft zu kommen, gab ich klein bei und übte mit dem Computer-Navi schon mal die Strecke vorab.

Eine Woche später bekam ich plötzlich Bescheid, Wolfram dürfe auch mitkommen. Allerdings müssten wir dann unsere Tante Melli im Auto mitnehmen. Aha, meinen Autofahrkünsten traut sie denn doch nicht! Der Termin war plötzlich auf Sonntag den 6. September verschoben wurden. Toll, da wollten wir eigentlich nach Füssen in die Königsgala. Nichts zu machen.

Drei Tage später teilte mir Tante Melli bekümmert mit, der Geburtstag finde nun doch schon pünktlich am Montag statt. Ach neee. Allerdings müsse ihr Bruder Michel vorher zum Hautarzt, um elf, und das Essen werde sich um ein paar Minütchen (oder Stündchen?) verschieben. Ich arbeitete das gesamte Wochenende auf Hochtouren, um das geplante Fotoalbum rechtzeitig bis Montag fertigzustellen. Am Montagmorgen kam der Anruf von Melli, ich solle LÜGEN und sagen, ich sei am 6. September bereits an der Nordsee und kurz darauf kam der Anruf von Rosi, dass Melli spinne und die Feier für alle wie geplant erst am 6.September stattfinde. Allerdings – falls ich da nicht könne, müsste ich in Gottes Namen doch HEUTE schon mit Melli kommen. Wir haben ganz toll gefeiert, um 14.30Uhr!

Fix und fertig Deine Marlene

Trockenzeit

Liebe Betti!

Zum Übersommern ist eindeutig der Weissensee am besten geeignet. Ich wünschte, ich könnte Dich/Euch an der herrlichen Kühle teilhaben lassen, die wir zurzeit zumindest NACHTS hier genießen dürfen. Untertags allerdings ist es nur im Wasser zum Aushalten, so wir denn weit genug hinaus waten, nachdem wir, im weißen Schlamm eingetaucht, mit den dort ansässigen Kröten, Muscheln und Moorhexen Zwiesprache gehalten haben.

Hinterher höre ich Herrn Saubermanns Lustschreie unter unserer eiskalten Dusche, weil er angeblich das teure WARME Wasser sparen muss!! (Irgendwie erinnert mich das ein wenig an Karl Theo, wenn auch sonst keine Vergleiche angesagt sind, lächel).

Selbst in der Kirche macht sich die zunehmende Klimaerwärmung bemerkbar. An Maria Himmelfahrt warteten wir ungeduldig zwischen lauter leicht bekleideten Mädchen und vor Schweiß triefenden Dirndlträgerinnen auf den Herrn Pfarrer.

Endlich kam er in Begleitung eines ebenfalls schwitzenden Ministranten heraus, durchschritt aber die langen Reihen in Richtung Ausgang, wobei er lauthals verkündete:

„Heute haben wir ein kleines Problem".

Erwartungsvoll klappten wir schnell das Gesangbuch zu. Sollte die Messe etwa ausfallen??? Das Schwimmzeug wartete ja schon griffbereit im Auto auf uns.

Herr Pfarrer sprach fröhlich grinsend weiter.

„`s Weihwss`r is austrickned. Wir müss`n erscht a nuis macha".

Der Einzige, der nicht mitlachte, war mein norddeutsches Wölfchen. Er verstand das Gesagte nicht ganz, und erst recht nicht, wieso ausgerechnet heute die ungeliebte Veranstaltung NOCH LÄNGER dauerte als sowieso!!

Als wir endlich aus der Kirche raus durften, regnete es bereits. Sämtliche Feste im Umkreis von 30 km fielen ins Wasser, wir kamen pitschenass zu Hause an und aßen dort die TROCKE-NEN Reste.

Daraufhin beschlossen wir, bereits vorzeitig nach Wasawieslein zurückzukehren, wo wir genüsslich beobachten können, wie der ausgedörrte Garten KOSTENLOS gegossen wird.

Heute Morgen war mir so saukalt, dass ich meine/DEINE dicken Stricksocken heraussuchte. Tja, lieber Gott, undankbar ist der Mensch!

So, jetzt wünsch ich euch beiden ein erholsames, SONNIGES Wochenende mit wenig Gartensklaverei. Bei uns geht nix, weil alles pitschenass ist.

Aber hinter den Ohren trocken
Deine Marlene

Eifersucht

Liebe Betti!

Nicht nur der Sommer, auch mein lieber Mann bringt mich zum Schwitzen, besonders seit wir das neue Betriebssystem Windows 10 haben.
Gestern, als ich noch stöhnend in der überheizten Küche vor mich hin schuftete, hörte ich seine sehnsuchtsvolle Stimme nach mir rufen: „Kann ich mich anmelden?"
Und dann noch inbrünstiger: „Darf ich mich schon anmelden?"
Ich schmolz dahin, riss mir die Schürze vom Bauch und strich mir adrett die Haare zurecht. „Ja mein Liebling, hier bin ich schon. Möchtest Du was von mir?"
Darauf Wolfram leicht patzig: „Ich spreche nicht mit dir, ich rede mit dem Computer". AHA??? Das tat er auch, wirklich.
Heimlich lauschte ich dem intimen Gesprächsaustausch. „Kannst du mich verstehen?" Der Computer antwortete mit Roboterstimme: „Quoak." Höhnisch grinste ich in mich hinein. Tja, Wölfchen, keiner versteht dich so wie ich!
Zweiter Anlauf: „Was möchtest du mir sagen?" Der Computer rülpste kaltschnäuzig: „Quoak." Soso, das hatten wir doch schon. Mein Liebster versuchte es erneut, diesmal mit deutlich flehender Stimme: „Was soll ich tun???" Der technisierte Rüpel grunzte zurück: „Quoak." Ehrlich, jetzt tat mir Wolfram fast ein bisschen leid. Verschwendete Gefühle! Denn als er sich nach zehn Minuten ausloggte, hörte ich ihn leise „Auf Wiedersehen bis zum nächsten Mal" murmeln – und ich schwöre Dir, er hat dabei SCHATZ gesagt!
Wenigstens DEIN Schätzchen Marlene

Sommerliches Pflichtprogramm

Liebe Betti!

Dieses Mal rief uns die Pflicht an die Nordsee. In den ersten zwei Wochen versuchte ich intensiv, die Widerspenstigen zu zähmen. Bei Helen gelang es mir schnell. Sie setzte sich bei Wolfram auf den Heilungs-Stuhl. Wir freuten uns über ihre guten Energiewerte und nach dreißig Minuten radelte sie strahlend nach Hause, um mit frischer Kraft den Kampf gegen reife Äpfel, faule Pflaumen und überreife Zwetschgen aufzunehmen.

Die restlichen Wochen waren wir zwei Alten für Obst und Vierbeiner eingeteilt. Ich habe nämlich blöderweise versprochen, die verwöhnten Katzen meiner Tochter zu hüten (einen ganzen Monat lang, wie verrückt war ich denn da, dieses zu geloben???). Folglich musste/durfte ich den anwesenden verwöhnten Katzenviechern die stinkenden Dosen öffnen und das struppige Fell kraulen, während ich gleichzeitig den fehlenden Streuner hinter einer Müllhalde oder im nahen Campingplatz suchte.

Eines der kleinen Luder hat es gewagt, in die Hütte zu bieseln. Leider stinkt die Katzensauerei (vor allem mir) bis zum Himmel, ohne dass Hilfe von OBEN zu erwarten wäre. Tipp vom bösen Wolf: Falls man den Übeltäter kennt, könnte man ihn mit der Schnauze zur Strafe in sein Pipi und Aaa hineintunken. Allerdings, Einwand von Marlene: Dann stinkt die Schnauze auch noch. Aber mal ganz ehrlich: Wenn die Näpfe mal nicht leer geschleckt waren, bekomme ich Herzrasen: Wer hat die süßen Lieblinge zu sich ins mollig Warme gelockt? Was wird meine Tochter sagen???

Auf ein gutes Ende hoffend
die treu sorgende Katzenmutter Marlene

Heftige Zeiten

Liebe Betti!

Das Telefon ist gerade frei. Wir warten derzeit auf HÖHERE Erleuchtungen, vielleicht kannst Du sie mir bringen!

Als mein schlimmer Wolf merkte, wie wichtig mir meine Schreiberei ist, hat er sich in den Kopf gesetzt, NOCH SCHNELL im Wohnzimmer einen Umbau vorzunehmen. Dazu musste Wolfram leider, leider einen ganzen Bücherschrank zerlegen und vorher AUSRÄUMEN. Alles liegt auf Tisch, Teppich und am Türeingang verstreut. Wahrscheinlich hörst Du es bis in Dein eigenes stilles Kämmerlein bohren, hämmern und klopfen!!!!

Am Sonntag besucht uns mein Sohn. Ausgemacht war, wir besuchen ihn, da wäre sicher bereits jetzt alles schön aufgeräumt. Aber wie das Schicksal so spielt.

Na ja, nachmittags hab ich für die Aktion Hoffnung mit einer Gruppe zusammen ca. sechs – hundert - tausend?? Päckchen für die Notleidenden dieser Welt gepackt und am Abend todmüde meine Nachbarin besucht. Die packte meine Hand und sagte:

„Nur DUUUU, nur DUUU kannst mir helfen. Du darfst nicht gehen!!! NIE MEHR!!"

Mich packte das kalte Grauen. Ehe mich endgültig die Hoffnung verließ, floh ich nach Hause, wo mich Wölfchen schon freudig mit seinen Aufträgen erwartete. Ach, wie beneide ich Dich um Deinen süßen „Stillen"!! SAG IHM DAS!!!

Ich werde DICH also anrufen, sobald hier Ruhe eintritt.

Gibt es für Dich GUTE und SCHLECHTE Telefon-Zeiten??

Erwartungsvoll

Deine zugedröhnte Marlene

Adventlich

Liebe Betti in Action!

Es liest sich einfach alles locker flapsig und sehr lustig, wie Du Dein Leben beschreibst. Aber tauschen würde ich nicht. Du hast noch mehr an der Backe als ich im ganzen Advent!

Zu meinem übergroßen Schrecken hat mich gestern nach der Kirche, (wo ich wieder mal zu spät kam!!) meine Nachbarin schadenfroh daran erinnert, dass es noch Plätzle zu backen gilt. Allerdings wüsste ich gerne, FÜR WEN? Denn der schlimme Wolf wird mich wahrscheinlich genau wie bei den Semmelknödeln auch beim süßen Gebäck fragen, warum auf den einen „gerösteten Brotscheiben" Walnüsse liegen und auf den anderen Haselnüsse. Ich geb zu, meine Loible enthalten umgekehrt proportional viel Vollkorn zu wenig Fett und Zucker, ABER GESUND!!!!

So, jetzt bereite ich mich auf das heute Abend fällige Wichteln in der Tauschbörse vor. Aber meine frisch gebackenen Plätzchen schenke ich nicht her, lieber ess ich sie selber!

Vorher lausche ich noch mal andächtig den niedlichen Klängen auf eurer süßen vorweihnachtlichen Karte. DANKE, DANKE!! Wolfram ist ganz von den Socken, was ein Computer so alles macht, obwohl es nicht „logisch" ist!!

Euch beiden einen wunderschönen Advent und einen lieben Nikolaus, der euch nicht bloß Nüsse bringt, sondern auch hilft, sie zu knacken!!

Ganz herzlich Deine vorweihnachtlich gestimmte Marlene

Weihnachtliche Auseinandersetzung

Liebste Betti!

Du hast recht! Der Advent hat schon was Besonderes!
Unsere Tage am Weissensee waren traumhaft. Die Sonne
schien, und abends sollte wieder mal der „romantische" Adventsmarkt in Füssen stattfinden.
Früher war er nicht fein, sondern NUR klein. Aber diesmal
versprachen sämtliche Plakate und Anzeigen ein herrliches Mu-
sikprogramm. Freitag Beginn 17 Uhr: Adventliche Musik, Gospels
und Musicals mit Mom Bee und Barn. Wölfchen wollte unbedingt zu so einem Markt und ich wollte unbedingt die tolle Musik
anhören. Wir waren pünktlich da, ca. 200 Personen ebenfalls,
der Schlosshof somit gut gefüllt. Wolfram staunte über die ge-
ringe Anzahl an Buden.
„Der Adventsmarkt in Bremen ist größer."
Im Stillen dachte ich: Na klar, sagte ich doch! KLEIN!!!
Im Hintergrund spielte fast unhörbar ein CD-Player. Ich geb´s
zu, die Musik klang weihnachtlich, mehr aber auch nicht. Zwischen den Leuten gingen zwei überdimensionale Schneemänner
umher und machten riesigen Seifenblasen.
Irgendwann gaben wir auf. Als ich nach dieser Enttäuschung
endlich eingeschlafen war, kapierte ich mitten in der Nacht:
Mom Bee und Barn waren die angekündigten Weihnachts-
Bläser. Ich weckte Wölfchen, aber er widersprach sogar noch im
Halbschlaf. Die beiden hätten nicht GEBLASEN, denn das wüsste
er. Es seien bloß simple Schaumschläger gewesen!

Danke, dass DU mir praktisch nie widersprichst!
Deine trotzdem romantisch gestimmte Marlene

Familienzuwachs

Liebe Betti!

Unser letztes Highlight im Advent war der Besuch von Jens. So konnte ich zu guter Letzt Wolframs Sohn kennenlernen und rechtzeitig vor Jahresschluss inspizieren, wie unser beider Familien harmonieren. Vater und Sohn hatten sich schon einige Jahre nicht gesehen, so war die Freude umso größer.

Jens kam in Begleitung der kleinen Kilani, die mich gleich mit großen dunklen Augen anhimmelte. Die beiden Männer fragten mich ernsthaft, ob die süße Kleine zu mir ins Haus dürfe! Jens betonte stolz, der Name komme aus dem Hawaianischen und bedeute „die Himmlische". Also empfing ich die Zwei natürlich mit offenen Armen und Kilani tollte durchs Haus, verwüstete alles, was zu kriegen war und biss sich an meiner großen Zehe fest. Damit war ich nicht ganz einverstanden, meine Wade wollte ich auch nicht zwischen ihren Zähnen haben und zum Schluss begnügte sie sich mit den Fransen unseres nicht mehr kostbaren Perserteppichs. Wölfchen ließ sie seufzend pinkeln, wohin sie wollte, WENN WIR ES NICHT RECHTZEITIG MERKTEN. Macht doch nix, beim nächsten Besuch ist sie schon größer und kann besser Gassi gehen, die kleine „Berner Sennerin" (oder so ähnlich??). Noch immer liegt der feine Hundegeruch in allen Räumen und Wolfram ist einfach glücklich – auch darüber, dass ER keinen Hund mehr hat!

Du siehst, das mit dem Hundewunsch ist sehr bedenkenswert. Ich würde abraten!!!!

Glücklich, jetzt auch zu Wolframs Familie dazuzugehören
Deine verbandelte Marlene

Hundertprozentig

Liebe Betti!

Ein Freundin aus Füssen, die schon seit 17 Jahren ohne An-
hang ist und immer noch mit sich ringt, ob sie sich einen neuen
Mann suchen soll, fragte mich unlängst, zu wie viel Prozent ich
zusammen mit Wolfram glücklich sei. Ich überlegte sehr gewis-
senhaft und meinte: „Na ja, bei allem Für und Wider auf jeden
Fall 50 %." Als sie daraufhin all zu sehr triumphierte und „Siehst
du, darum bleibe ich lieber allein!!!" sagte, meinte ich grinsend:
„oder doch eher 51 %."

Als ich es abends meinem Wölfchen erzählte, nahm er es gelassen, fragt aber seither häufig nach, wenn er ein schlechtes
Gewissen hat! Dann tröste ich ihn. Manchmal kommt er sogar
auf 75%, wenn er mir, ohne etwas endlos wissenschaftlich zu
hinterfragen, einfach gleich RECHT gibt.

Meine Nachbarin, eine echte Bäuerin alten Stiles, die mit
ihrem Mann wohl noch nie Urlaub gemacht hat und außer Arbeit
und Sorgen keine Gemeinsamkeiten aufweisen kann, er auf dem
Feld und im Wald, sie im Haus, im Garten, im Schweinestall,
durfte vorige Woche Goldene Hochzeit feiern. Triumphierend
berichtete sie von der herrlichen Feier in der Kirche und den an-
schließenden Festlichkeiten. Sie habe nicht mal kochen müssen
und sei rund um die Uhr bedient worden! Nur mit dem Sektemp-
fang zu Beginn sei sie nicht einverstanden gewesen: „Bei der
Kälte ein Sekt, das ist nix. Da schon lieber eine schöne heiße
Suppe!" Bis ins kleinste berichtete sie von der tollen Schwäbi-
schen Hochzeitssuppe mit Brätstrudel, Grießklößchen, Nudeln
und sogar hausgemachten Leberknödeln. Ich hörte mit offenem
Munde zu: „Das hat alles in einem Sektglas Platz gehabt???"

Tja, so ist das halt im Leben. Ich hab mit Karl Theo nicht mal die Silberhochzeit geschafft. Aber unser „Sektglas" war trotzdem bis oben hin voll mit köstlichem Inhalt. Genau so hab ich es bei Dir mit Sigbert auch erlebt. Wenn das Leben uns nun andere Gläser füllt, vielleicht mit kräftiger Hühnerbrühe, gesundem Leitungswasser, oder halt mal mit Zitronensaft, wen könnten wir anklagen? Da doch unsere Gläser schon mal so herrlich voll waren!

Hoffentlich liest Wölfchen nicht das vom Zitronensaft. Es könnte zu neuen Auseinandersetzungen führen!

Aber egal wie anstrengend es auch sein mag, ich persönlich finde das Zusammenleben mit einem lieben Menschen besser als das Alleinsein, nicht bloß wegen dem Kuschelfaktor. Die kleinen oder größeren Streitereien, und ja, auch die seltsamen Verlustängste, die nachts manchmal in mir hochsteigen, nehme ich dafür gerne in Kauf.

In diesem Sinne ein Prost auf die Freude, dass die Meisen im winterlichen Garten ihr Frühlingslied singen und die Sonne endlich mal wieder die Krokusse unter der Schneelast herausholt!

Sei herzlich umarmt
von Deiner Marlene

P.S. Sorry: Wenn jetzt irgendeinem/r aus meiner Leserschaft versehentlich der saure Zitronensaft aufstößt und sich der/diejenige angesprochen fühlen sollte, KEINE/R von euch war gemeint, ich schwöre es! Ich liebe euch ALLE!!!

Jahresrückblick und Dankeschön

Liebe Betti!

Danke für all Deine guten Wünsche!
Wie süß, dass Du an unseren ersten Jahrestag gedacht hast!

Ja, es ist kaum zu glauben, dass ich mit dem guten und manchmal auch so bösen Wölfchen zusammengeblieben bin. Ich könnte nicht mal behaupten, dass das Leben MIT Mann wirklich einfacher ist als OHNE. Aber das weißt Du ja selber. ABWECHSLUNGSREICHER ist es allemal, und wie ich finde, auch schöner!!!

Wenn ich zusammenfassend alle Lebensentwürfe der letzten Jahre vergleiche, seit ich meinen Karl-Theo verloren habe, kapiere ich ganz verblüfft: Ich habe Schritt für Schritt dazugewonnen.
Natürlich schwingt hinter all diesen Veränderungen die heimliche Trauer mit, das über alles geliebte, alltäglich gewordene und deshalb so wunderbar NORMALE nicht mehr aufzufinden. Daneben nagt unterschwellig die Angst, einen derartigen Verlust ein zweites Mal erleiden zu müssen.

Mein unbestrittener Vorteil besteht darin, dass Wölfchen sich ununterbrochen mit Heilung und Selbstheilung auseinandersetzt. Da fällt für mein Wohlbefinden jede Menge ab!

Was mich aber am meisten erstaunt: In der gelingenden Zweierbeziehung schwingen alle anderen Entwürfe mit wie ein kaum wahrnehmbares Hintergrundrauschen.

-Da wäre zum einen die geglückte Beziehung zu mir selbst, ohne die eine Öffnung nach außen gar nicht möglich ist.

-als Zweites die Begegnung mit der Natur, die mich täglich beglückt, in schweren Zeiten aber regelrecht durchs Leben getragen hat, zumal ich hinter allem, was ist, eine Höhere Macht verspüre, die alles lenkt und leitet.
Mein inniger Dank an OBEN!

-Als besonders tröstlich erfahre ich immer wieder das Zusammensein in der Gruppe. Bei den vielen, oft breit gestreuten Meinungen bleibt immer auch ein kleines hoffnungsvolles Plätzchen für mich und meine manchmal ganz schön verqueren Ansichten. Ich liebe die Nähe, das unverbindliche Kuscheln, die Zuversicht, dass irgendjemand aus der ganzen Meute für mich erreichbar sein wird, wenn ich ihn oder sie gerade dringend brauche. Danke euch allen!!!

-Meine Familie möge mir verzeihen, wenn ich sie erst jetzt erwähne. In der Dringlichkeitsstufe möchte ich sie tatsächlich erst an diese Stelle setzen, weil ich die Gefahr, den eigenen Klan auszunutzen, bei mir zu hoch einschätze. Da ich weder die liebevolle, verständnisvolle und zuverlässige Mutterrolle einnehme noch eine kompetente, geübte Oma zu sein vermag, hätte ich allzu oft das Gefühl, immer nur nehmen zu wollen.
Deshalb wahre ich die Distanz, SO WEIT ICH ES SCHAFFE (sorry, ihr Lieben!).

-Eine der höchsten Stufen körperlicher und geistiger Nähe stellt für mich die Freundschaft dar. Gemeinsam über viele Jahre Höhen und Tiefen zu erleben, sich zeigen zu dürfen, wie und wer man wirklich ist, so wie mir das mit Dir zusammen seit so langer Zeit gelungen ist, das erlebe ich als ein unverzichtbares Geschenk. DANKE, DANKE, DANKE!

-Sozusagen im gleitenden Übergang geht und ging es zur echten Zweierbeziehung, herausfordernd, kräftezehrend, beständig und beglückend. Ohne die genannten Vorstufen und ganz viel tägliche Übung wäre sie unmöglich. DANKE Wolfram!!

Unendlich mit allem zufrieden und im Frieden

Deine/eure Marlene

In eigener Sache

Liebe Leserin, lieber Leser!

Vielleicht ist in Ihnen das Bedürfnis aufgekommen, Ihre eigenen Beziehungen aufzuarbeiten und Sie haben die nötigen, zu Ihnen passenden Begleitpersonen noch nicht gefunden. Dann fragen Sie gerne ungeniert bei uns nach.

Die fgh-Methode zur Selbsthilfe und Selbstheilung bietet eine leicht zu fassende und fast „schmerzlose" Lösung in den Phasen ausweglos erscheinender Einsamkeit und bei Beziehungsproblemen in Familie und Partnerschaft.

Diese Vorgehensweise wurde von Karl-Heinz Erdmann während jahrelanger Forschungsarbeiten entwickelt und wird von mir begeistert unterstützt.

Näheres hierzu und ein Herzliches Wiedersehen mit der Autorin auf Ritas Selbsthilfe- und Selbstheilungs-Blog
p-angelis.blogspot.com

Serie „Lachen und Weinen mit Marlene":

Band 1:
Ausschnaufffen im Altweibersommer -
Marlenes Seelen-Bratgeber
Books on Demand 2015
ISBN: 978-3-7392-1437-5

Band 2:
Abschied ist das Allerletzte -
Marlenes Trauer-Bratgeber
Books on Demand 2016
ISBN: 978-3-7412-5188-7

Begegne heute deinem Glück –
Am Medizinrad durch das Jahr
Schlosser Verlag 2011
ISBN: 978-3-86937-238-9

Ritas Selbsthilfe- und Selbstheilungs-Blog
p-angelis.blogspot.com

Hier kann auch jederzeit
die tägliche Medizinradpost
abgerufen werden.

E-Mail-Adresse: kasparek.r@gmx.de